Ⓢ新潮新書

安田 登
YASUDA Noboru

能

650年続いた仕掛けとは

732

新潮社

〈図版について〉

45頁、84-85頁
『まんがで楽しむ能・狂言』（漫画／小山賢太郎、文／三浦裕子、監修／増田正造、檜書店刊）より調整の上掲載。

135頁＆137頁
『旅人と』画賛。東藤画、芭蕉筆（同一のものより部分掲載）、個人所蔵。

145頁
『奥の細道行脚之図』（天理大学附属天理図書館蔵）

はじめに

初めて能の舞台を見たのは、高校教師をしていた24歳の頃のことです。それまで、音楽には夢中だったものの、血道を上げていたのはジャズなど西洋の音楽でした。能など全然観ていなかったのです。

全然どころか、存在は知っていたものの「あんなしんき臭いの見てられるか」と、どちらかというと否定的でさえありました。それがいまやその「しんき臭いの」を仕事にしているのだから人生はわからない。その最初の能鑑賞だって、高校の同僚の美術の先生が、一緒に行く人が急にだめになったからと誘ってくれた席でした。

ですが、この最初に観た舞台で、「幻視」をしたのです。この時の『松風』という演目は須磨の浦（現在の神戸市須磨区付近）が舞台なのですが、はっきり水面に浮かぶ月の風景が見えた。こういうと怖がられるかもしれませんが、集中して舞台やパフォーマンスを見て何かを読みとろうとすると、フィクションの情景が実際に思い浮かぶものです。それがこの時の私でした。

役者のことはほとんど覚えておらず、あとから番組（能の上演プログラム）を確認すると『松風』には、その数年後に所属することになる下掛宝生流《しもがかりほうしょうりゅう》の、家元の宝生閑《ほうしょうかん》師が出演されていました。同時に観た『石橋《しゃっきょう》』のワキの声にも聴きほれました。この声の主こそ、長年教えを受けてきた師匠、鏑木岑男《かぶらきみねお》です。

「なんだこれは？」と度胆を抜かれて以来、すべては始まりました。それから師匠となる鏑木岑男の出演する舞台を探して見始めた。ついには、素人弟子をとっていないことも知らずに、師匠の家に行ってドアをノックして「お稽古をさせてください」と申し込みます。自分一人で行ったらだめだったかもしれないのですが、まったく同じ日にもう一人入門希望者がいたのです。大学生だったその人は途中でやめましたが、まったくもって偶然で、行ったらそこにいた。師匠もさすがに「二人いるならちょっとだけ」と、いつの間にか稽古がその初日に始まっていました。千葉の小見川《おみがわ》の高校に勤めていたのですが、毎週土日は東京でバンドをやっていたので、そのために上京しつつも、偶然続きで玄人に習い始めてプロになりました。

しばらくして舞台に立つようになりますが、そのきっかけも偶然でしたし、きっとなんでもそうでしょう。一人前になっていく過程はすべて、アクシデントからなのです。

よく「能はわからない」と言われます。ですが、バンドに明け暮れていた自分がここまで夢中になって続けてこられた魅力をお話したい、そんな風に思っています。なにしろ能は、やっていてお得なことが多い。よく言われますが単に「眠くなる」だけだったら、そもそも650年も愛され続けるわけがありません。

能を芸能として大成させたのは世阿弥ですが、信長、秀吉といった戦国時代の雄のみならず、式楽化（公式行事で使う芸能として認定）し政治のシステムに組み込んだ徳川幕府、それを強固にした歴代の将軍や大名たち、明治の功労者たちに至るまで、各時代のトップが推奨した理由は、トップマネジメントのための芸能として優れているからにほかなりません。松尾芭蕉や夏目漱石の創作が能に裏打ちされていることは、あまり知られていませんが、事実です。

能楽師となり歴史を調べていくにつれ、想像していた以上に、今の日本のありように能が大きな影響を与えていることがわかりました。身体的な面ももちろんあります。なにしろ高齢になっても現役の能楽師が多いことは、健康維持にも役立つことを示しています。

今や、新しく門を叩く若い知識層の方が増えています。皆さん、生来の勘のよさでこの能の効能に鼻が利くようです。いったいなにがそんなに長年の間、一定数の熱狂的ファンを生み出してきたのか。日本を導いたエリートたちをとりこにしたものはなにか。

その秘密を、この一冊でお伝えしていきます。

能――６５０年続いた仕掛けとは◇目次

第四章　能にはこんな仕掛けが隠されていた　

第五章　世阿弥はこんなにすごかった　

第一章　能はこうして生き残った

650年続いた理由

能は、今からおよそ650年前の室町時代に観阿弥、世阿弥父子によって大成された芸能です。以来現在に至るまで、一度の断絶もなく上演され続けてきました。これは世界でも稀有《けう》なことで、2008年に日本では最初にユネスコの「無形文化遺産」（日本では21件、世界では366件）に選ばれています。

長年続くものは、歴史とともに化学反応を起こしながら姿を変えて行きます。プランクトンが、バクテリアや地下熱の働きで石油という「資源」になるように、能も長期間、演じられ、そして観続けられることによって「資源」になった。石油はそれ自体にも用途がありますが、ガソリンや灯油、合成繊維や合成樹脂、化粧品や食品まで、さまざまに姿を変えていきます。能も同様で、形は変わらないものの、使う人によってさまざまな用途を見出し得る社会資源だと思います。

能楽師として日々演じ、また自分なりに能について学ぶうちに、社会資源として、能には大きく5つの効能があると考えるようになりました。

その1　「老舗企業」のような長続きする組織作りのヒントになる
その2　80代、90代でも舞台に立っているほどなので健康長寿の秘訣がある
その3　不安を軽減し、心を穏やかにする効能がある
その4　将軍や武士、財閥トップが重用したように、政治統治やマネジメントに有効
その5　夢幻能の構造はＡＩ（人工知能）やＡＲ（拡張現実）、ＶＲ（仮想現実）など先端技術にも活かせて、汎用性が高い

これらについては本書で折々にご説明していきます。

その1　老舗企業のごとき営業形態とは

観阿弥（1333〜1384）と世阿弥（1363〜1443?）父子の時代からおよそ650年の命脈を保ってきた能は、これから数百年後にも上演されていることでしょう。ひとつの芸能を長年守り続けて来た能のあり方は、老舗企業と同じです。日本は世界でも老舗企業の数が多く、創業200年を超える会社は世界で5600弱ほどですが、その半分以上を日本が占めるそうです。日本の百年企業は3万3000社ほど、創業200年を超える会社は2000強、なんと創業500年を超える会社は400社もあるとか。

日本には企業体が長く続く背景があるようです。「能」は、この400社と比べても遜色ありません。というより、もしかすると話は逆で、この多くに、能のあり方が影響を及ぼしているのかもしれません。最近は企業のライフサイクルが短くなっているとはいえ、「能」と似た構造を持つ企業は、長く活動を続けています。

こんなにも長い間、続いてきた理由とはなにか。それを可能にしているものは何か。

ずばり、答えは「初心」と「伝統」です。

どちらも手垢のついた言葉なので、「なーんだ」と思ったでしょうか。

「初心忘るべからず」。

これが、能を大成した観阿弥・世阿弥父子が残したもっとも有名な言葉です。能に関連した言葉とは思わずに、私たちは「それを始めたときの初々しい気持ちを忘れてはいけない」という意味でこの言葉を使っています。しかし、実は世阿弥はこのような意味では使っていません。世阿弥自身もさまざまな場面で使っていて、文脈次第で意味は変わりますが、詳述している紙幅はないので、初心という言葉の意味だけをお話ししましょう。

初心の「初」という漢字は、「衣」偏と「刀」からできており、もとの意味は「衣（布地）を刀（鋏）で裁つ」。すなわち「初」とは、まっさらな生地に、はじめて刀（鋏）を入れることを示し、「初心忘るべからず」とは「折あるごとに古い自己を裁ち切り、新たな自己として生まれ変わらなければならない、そのことを忘れるな」という意味なのです。

「初心」という言葉を使ったのは観阿弥・世阿弥が初めてではありません。しかし、世阿弥は「初心忘るべからず」を繰り返すことによって、「初心」の精神を能の中に仕掛けました。この仕掛けにより、能は長く続くことになったと言っても過言ではないでしょう。追ってご紹介しますが、世阿弥は様々な仕掛けを能の存続のために施しており、

650年間続いたのは、そのおかげ。世阿弥の作った器が非常に優れていたからだと言えます。

「初心」を繰返してきた歴史

能の歴史自体にも、「初心」は何度もありましたが、大きな4つの変化についてみていきましょう。

最初の変化は豊臣秀吉の時代です。それまでの装束（衣装）はふつうの着物に近いものでしたが、派手好きな秀吉の影響で、今のような重量感のある能装束になりました。これによって演技の質も大きく変わったそうです。秀吉と一緒に能や狂言をたのしんだという徳川家康も、そうとうな能好きでした。二代将軍秀忠以降も歴代将軍は能を大切にし、「式楽」として幕府の管轄のもとにおきます。

2番目の変化は江戸時代初期、おそらく五代将軍綱吉から八代将軍吉宗までの時代だといわれています。能のスピードが突然、ゆっくりになりました。「眠くなる」とよく言われる、現在の静かな能はこの時点でできあがったのです。

それまでの能は、現在の能に比べると、2倍から3倍くらい速いスピードで演じられていたそうです。今の能の謡《うたい》を2〜3倍で謡ってみると、まるでラップです。ひょっとしたら世阿弥の能は、ラップとヒップホップ・ダンスだった可能性もあるのです。

3番目の変化は明治時代。それまでの能は外で行われていました。それが「能楽堂」という屋内で演じられるようになった。大きな声や演技が当たり前だったのが、明治以降、能は洗練された繊細な動きや声を求めるようになりました。

そして4番目の変化は戦後に訪れます。江戸時代まではスポンサーに大名や幕府、明治以降にいったん危機は訪れるものの、華族や財閥、政治家がいたので、戦前の能は観客からの入場料というものをあまりあてにしていませんでした。それが、戦後に有力なスポンサーがいなくなり、観客からの入場料によって上演されるようになったのです。

ここで大切な共通項は、それぞれの変化は突然に起こっているということです。能は徐々にではなく、あるときを境に突然ゆっくりになった。戦後の変化に対応したのもそうです。意思をもったイノベーション、それこそが「初心」の特徴です。

江戸時代初期のベテランの能楽師たちは、ゆっくりした能への変容を見て「そんなのは能じゃない」と批判したに違いありません。ですが、時代は「ゆっくり」を求めている。それなら、と、どんな反対意見があっても、また自分の中に迷いがあっても、それを断ち切り新たなものに変容させていく。これを可能にするのは能楽師「個人」の初心でもあります。

私たちの身体の細胞は死と再生を繰り返し、それにつれて私たち自身も刻々と変化をしているものの、ふだんは自分が変化しているとは感じません。それは「自分はこんな人間だ」と考えている「自己イメージ」がほとんど変化しないからです。変化は成長でもあるのに、日々の変化に気づかない、あるいは気づきたくないのが人間です。

とはいえ、固定化された自己イメージをそのまま放っておくと、「自己」と「自己イメージ」との間にはギャップが生じます。現状の「自己」と、過去のままにあり続けようとする「自己イメージによる自分」との差は広がり、ついにはそのギャップの中で毎日がつまらなく、息苦しいものになる。そうなると好奇心もうすれ、成長も止まってしまいます。人生も、その人間もつまらないものになっていくのです。

そんなときに必要なのが「初心」です。古い自己イメージをバッサリ裁ち切り、次なるステージに上り、そして新しい身の丈に合った自分に立ち返る――世阿弥はこれを「時々《じじ》の初心」とも呼びました。

また、「老後の初心」ということも言っています。どんな年齢になっても自分自身を裁ち切り、新たなステージに上る勇気が必要だと。

とはいえ、これはさらに厳しいことです。年齢とともに身に付いたものも多く、過去の栄光も忘れられない。同時に自分の生にも限りが見えてくる。いまこれを断ち切ったら、本当にもう一度変容し得るのだろうか、とも迷う。

それでも断ち切る。これが「老後の初心」なのです。なぜならば生きている限り、人は変化をし続ける存在だからです。自分を裁ち切るには痛みが伴います。今までの価値観が崩れ、地位や名誉、ひょっとすると友人や財産までも失う。今までの自分がガラガラと崩壊し、魂の危機さえ感じるかもしれない。

ですが、そんな「危機」こそまさに「チャンス」です。危機を避けていては成長はありません。自ら進んで危機を受け入れてこそ成長がある。そして、その選択を突きつけるのが「初心」なのです。

初心に向き合う「披き」

能の稽古では、弟子を「初心」に飛び込ませるために「披《ひら》き」や「免状」というシステムを作っています。ある特別な演目を舞台ではじめて披露することを「披き」といい、段階的に難しいものに挑みます。これは役者にとってのお披露目なので、特別な準備をします。これに成功すれば、役者としても次の次元に進めるのです。

謡や舞などの実践力を身につけ、レベルが段階的に上がる過程で「免状」をもらいます（私の属する下掛宝生流《しもがかりほうしょうりゅう》には免状制度はありません）が、ある程度稽古をして、節《ふし》（メロディ）、拍子（リズム）、型という基本が全体としてわかってくると、自分の実力ではできそうもない演目を「やってみろ」と命じられるのが「抜き」です。ピアノやバイオリンの指の動きのような技巧的なことではないので、やれといわれてできないことはありません。声さえ出れば謡えるし、体が動けば舞の型をなぞることはできる。だけれど、それでは「できた」とは言えない。「とても自分にはできない」「太刀打ちできない」――そんな自分の能力を超えた演目を、やれと命じられるのです。

稽古時間さえ増やせば何とかなるかといえば、そうではないから難しい。やればやるほど自分にはできないと確信してしまう。玄人の場合は、師匠はどうすればいいのかさえ教えてくれません。ただ「ダメだ」といわれるだけです。なにしろ能の世界では、決して「これでよい」と及第点をもらえることはありません。前に進んでも後ろに戻っても「ダメ」。にっちもさっちもいかなくなり、一体どうしたらいいのだと叫びだしたくなるのです（素人弟子は、いろいろと指摘をされますが、しかしそれも最初のうちは理解不能なことが多いでしょう）。

ただ、先生（師匠）が「やれ」という限りは、少なくとも師匠は「お前にはできる」と無言で言っているということだけは確かです。

「啐啄《そったく》の機」という言葉があります。雛がかえろうとするとき卵の内側からつつく（啐）と、母鳥が外からつつく（啄）が同時であったとき、はじめて雛は卵から出ることができるといいます。どちらかが早くても、どちらかが遅くてもダメです。能の師匠は、この啐啄の機を捉える名人です。師匠が自分に「この曲（演目）をやれ」と言ったからには、自分はできるはずです。

それだけを信じて、文字通り死に物狂いで稽古をします。

それでも少なくとも現在の自分でいる限り、解決策を見つけることはできません。断崖から飛び降りるつもりで、今の自分を切り捨てる。すなわち「初心」によってはじめてそこに可能性が見えるのです。が、そんなことは稽古をしている間はわからない。本番の直前まで暗闇は明けないのです。「ダメだ」と思いながらも、お披き舞台の日は決まっていますから、がむしゃらに、ただひたすら稽古をするしかないのです。

ほとんどの人は、不安いっぱいのままお抜きの日を迎えます。そして、無我夢中で舞台を勤めるものの、当然、結果は不本意です。それでもそのとき、その人は何かの壁を飛び越えています。人は、そこでまた新たな自分を迎えるのです。

とはいえ、元来が弱く臆病な私たちには、自ら「初心」で断ち切るなんて簡単にはできません。だからこそ、「披き」によって、「初心」に向かい合う環境を無理矢理つくります。それが能の稽古に隠されている「初心忘るべからず」のシステムなのです。これを繰り返すことで、能は試練を越えてきました。

「初心」の技を能楽師が各個人の習い性とすることによって、能の環境の劇的な変化をも受け入れ得る心性を当事者にも身につけさせた。それが650年の間に能そのものにも訪れた、度重なる試練を生き伸びさせてくれたのです。同時に、能を習う人は、この「初心」の壁を破ったときの変化の快感を忘れられず、能にのめりこんでいきます。

能の効能はありあまるほどです。ほかの効能についても、ここで一度簡単に紹介しておきます。

その2　健康長寿のヒントになる

能楽師というと「お年寄り」をイメージする人が多いのですが、能の楽屋には幼児から青年、中年、お年寄りと幅広い年齢の役者がいます。それでも「お年寄り」のイメージが強いのは、能楽師がいくつになっても元気に、現役で舞台に出ているからでしょう。実際のところ、能には定年というものがありません。長寿社会の現代ですが、できれば死ぬまで元気でいたいものです。今30歳の人は、130歳近くまで生きるという統計予想もあると聞きました。能の曲の詞章（曲の中の文句のこと）を節をつけて謡う「謡」や、重心を落として歩く「摺《す》り足」といった独特の身体作法を使い、何歳になっても元気に現役を続ける能楽師の身体作法は、現代人の健康を考えるヒントになります。

その3　不安を軽減し、心を穏やかにする効能

織田信長が幸若舞の『敦盛』で「人間五十年〜」の節を舞ったことはよく知られています。幸若舞は、室町時代に流行った語りを伴う舞で、江戸時代には能と同じく式楽のひとつでした。テレビなどの影響で、本能寺の変（1582年）で自害の直前に舞ったと思っている人が多いのですが、信長の伝記である『信長公記』によれば、信長がこれ

を舞ったのは桶狭間の戦（1560年・駿河の今川義元を織田信長が少数の兵力で破った）の前です。

自軍のおよそ10倍の敵を前に感じたストレスは、現代の私たちのそれとは比較になりません。負ければ自身のみならず、家族や一族、さらには部下たちの命すらも、ほぼ確実に失われることになります。その責任を考えると、死刑を待つ囚人よりも、厳しく、つらい精神状態に追い込まれたはずです。

そんな状況で信長は舞った。それは舞こそがストレスマネジメントの重要な手段だったからです。ストレスマネジメントといっても「心を落ち着ける」なんていう生易しいものではありません。ストレスを、そのまま行動エネルギーへと変換するための術、それが舞でした。それを可能にするものは強い呼吸を伴う謡と、そして自分の陰陽を整える舞の動きだったのです（179頁参照）。

その4　政治統治やマネジメントに有効

江戸時代の能は、基本的には武士だけのものでした。詞章を謡う「謡」は庶民にも広まっていたとはいえ、能の上演に接する機会は武士階級以外の人たちにはほとんどありませんでした。そして武士たちは、能を観るだけでなく、自身も能を学び、能の謡を謡い、舞を舞いました。

武士階級の人々は人口の7パーセントほど、成人男子に限れば1.5パーセントと聞いたことがあります。しかも下級武士は能を学ぶ機会はあまりなかったようなので、中・上級武士限定です。現代風にいえば能は「エリートによる、トップマネジメントのための芸能」でした。

なぜ、当時のトップマネジメントである武士たちは能を学び、そして能を観たのか。歴史を知ると、それがわかってきます。

その5　夢幻能の構造はAIやAR、VRなど先端技術にも活かせて、汎用性が高い

能は、「現在能」と「夢幻能」とに二分できます。「現在能」というのは、生きている人のみが登場するもの。「夢幻能」は、旅の僧などの「ワキ」(主人公のシテ方の相手役となり、演技を引き出す役割)が、名所やいわれのある場所を訪れると、主人公である「シテ」が謎の人物として現れ、その土地に関連する話を始めるというもの。だいたいにおいて、シテは老人や女性の姿をしており、自分が何者かをほのめかすと、ふっと舞台か

ら消えます。ワキがそのまま待つと、今度は消えた謎の人物が、幽霊、神、精霊など、非現実的な、本来の霊的な姿で再び現れ（「後《のち》シテ」と呼ばれます）、舞を舞ってまた消えて行くのです。

「夢幻能」という名称は、ワキの夢の中に霊が現れることからついたとも言われています。世阿弥が完成させた、他の演劇にはない珍しい構造で、能を能たらしめています。というのは、幽霊が出て来る演劇は世界に多いのですが、幽霊が主人公となる演劇様式はあまりないからです。

能の特性についてはまたおいおい触れていきますが、ＡＩ（人工知能）やＡＲ（拡張現実）、ＶＲ（仮想現実）など最先端の技術を研究している方々も、この夢幻能の構造を含めて、能に注目しています。実際に開発に活用している方もいるようです。それについては本書後半でご説明しましょう。

社会資源としての能について、ほんの一端をお話しました。次章からは、まず６５０年間の能の歴史を駆け足で見ていきます。

第二章　能はこんなに変わってきた

歴史は四分される

能の起源はさまざまに言われていますが、能の歴史を大きく分けると四分されます。

①「形成期」
②ご存知の観阿弥、世阿弥の時代の「大成期」
③秀吉など武将に愛された「転開期」
④江戸時代以降の、幕府の後援に依る「式楽以降」となります。

起源については、結局のところ詳細はわかりませんが、奈良時代に日本に入ってきた唐の大衆芸能である「散楽」が、日本風に「さるごう」と呼ばれ、それが「猿楽」となったのが起源だといわれています。散楽の絵を見るとアクロバチックで、あまり能らしくないのですが……。

演じている身としては、アクロバチックな散楽よりは、日本古来の神事芸能の方に繋がりがあると実感します。演者がさまざまな神に変身し、神として人々に祝福を与えたり、託宣をしたりする神懸かりの芸能です。現在でも島根県にいくつか残る託宣《たくせん》の神楽《かぐら》では、神様が神官や氏子に憑依《ひょうい》して、収穫の多寡を託宣したり、あるいは来るべき豊穣を事前にお祝い（「予祝《よしゅく》」と言います）したりします。

世阿弥も、「猿楽はもとは神楽なのだが、末代のもろもろの人々のために、神の示偏を除いて申楽《さるがく》にした」と書いています（『風姿花伝』）。「神」を「申」にしたということです。この説の当否はともかく、少なくとも世阿弥は能の源流が、神事芸能である神楽にあると考えていたことを示しています。

また、能という言葉は、もともとは「する」とか「できる」という意味で、それがやがて歌舞劇を意味するようになり、江戸時代までは「能」といえば歌舞劇一般を指す言葉として使われていました。ですから、現在の能につながる「猿楽」のほかにも、農耕行事から生まれた「田楽」や、幸若丸（室町時代の武将、桃井直詮の幼名）が作った「幸若」など、さまざまな「能」がありました。能の役者のグループを「座」といい、猿楽能では奈良で活躍した「大和猿楽四座」が、現在の能の流儀の母体となります。

秦河勝という謎の人物

世阿弥は著書『風姿花伝《ふうしかでん》』の中で、能の始祖として秦河勝《はたのかわかつ》という人物をあげています。これが謎めいた、大変な人物なのです。この人については、金春禅竹《こんぱるぜんちく》の『明宿集《めいしゅくしゅう》』の中にも詳しく書かれています。金春禅竹と世阿弥で多少違いますが、大まかにまとめてみましょう。

まず、不思議な赤ちゃんの登場から話は始まります。ある日、赤ちゃんが壺に入って流れてきて、それを拾おうと人が集まってくる。すると、赤ちゃんがその一人に憑依して、「自分は秦の始皇帝の再誕なり」と叫ぶのです。子孫ではなく再誕、つまり、自分は始皇帝本人で、その生まれ変わりだと言う。この赤ちゃんが秦河勝です。

日本にとって大事なことを伝えにやってきた、このことをすぐに朝廷に言いなさい、とこの「赤ちゃん」は言い、それが朝廷に伝わり、帝のそばで暮らしていくことに。才能があり優秀で、神童の誉れも高く、ついには聖徳太子に仕えることになります。そのエピソードがまた奇想天外で面白い。物部守屋が聖徳太子に討たれて櫓《やぐら》から落ちる時に、まだ中国から渡ってきていないはずの法華経の文《もん》を唱えたりと、時系列もやることもめちゃくちゃで、尋常ではありません。

そうこうする内に、秦河勝は、能の曲の中でも神事として別格の『翁《おきな》』の舞を作ります。この『翁』は、現在も演じられていますが、いわゆる物語はなく、五穀豊穣と国家安泰を祈る神事的な演目で、お正月や舞台抜きなどでよく演じられます。その翁の舞により世の中は豊かになっていくのですが、彼はすべてを子孫に譲って自分はまた「世ヲ背キ、空舟ニ乗」って西の海へと漂流していく。そして、播磨国の南波尺師《なはしゃくし》の浦に漂着します。

地元の蜑《あま》（海人のこと）たちがその舟をとりあげた途端に、その中にいた秦河勝が「化して」神になり、同時に、なんとその漂着した土地に憑《つ》いて、祟《たた》ります。助けてもらったくせにひどいもので、そのまま土地の荒れる神、すなわち荒神《こうじん》さまになってしまう。困った村人は、荒神さまのために御宮を造ります。

いくつも御宮を造ったところで、この大荒神さまが守護神に変わり、土地の人たちはこれを「猿楽の宮」「宿神《しゅくじん》」と呼ぶようになったそうです。呼び名が変わっても本体は同じでして、翁は宿神でもあり、大荒神でもあり、いきなりですが、如来でもある、と考えられていきます。

で、この秦河勝には3人子供ができて、一人は武人に、一人は伶人に、一人は猿楽師になります。この時点で神仏と土着宗教が全部習合しているのがさすが日本といいますか。「武人」が長谷川党（大和の武士団）になり、「伶人」、つまり雅楽をする人は、今の東儀家のご先祖です。で、「猿楽師」が能楽師になったというわけです。

「猿」からはじまった

ここでちょっと寄り道をして、猿楽の「猿」と芸能の関係について見てみましょう。

日本の芸能の起源は『古事記』にあります。大きく分けて2つあって、ひとつは、天照大神を天岩戸から誘い出すために踊った、アメノウズメノミコト。もうひとつは海幸彦です。アメノウズメノミコトは、神楽の舞の起源であり、海幸彦は、滑稽な身ぶりや歌、舞で神様や人々を楽しませる「わざおぎ（俳優）」の起源であるといえるでしょう。

アメノウズメノミコトは天岩戸の伝説のほかに、猿田彦神と結婚したことから、猿女《さるめ》（祭祀の際に舞う女性）の先祖となりました。猿女は、芸能の神様ですし、猿田彦も芸能の神様であるという人もいます。日枝神社も猿の神社として親しまれています。おそらく猿を象徴として芸能と関わっていた人たちが存在したのではないでしょうか。

というのも、全国に２０００ある猿田彦神社（総本社は三重県鈴鹿市の椿大神社とされる）は猿系の芸能の神を祀っています。また、銚子市には猿田神社があり、その宮司さんは猿田という姓です（私の高校の担任でした）。狂言にも「猿回し」の芸を扱う演目や、たくさんの猿たちが酒宴をする作品がありますが、その芸能を伝える猿を祖先として祀る「猿系」の人たちが猿田彦の伝説や、猿楽になったのかもしれません。また、古代中国の音楽神は「夔《き》」という猿神なので、その神様を奉じる人たちが日本に渡ってきたとも考えられます。ちなみにこの「夔」は、日本でも山梨県の山梨岡神社で祀られています。

唐から来た散楽が「さるごう」になったと歴史は伝えますが、実はそれ以前に日本に芸能を伝えた猿系の人たちがいた、と私は想像しています。

冗談みたいな話ですが、室町時代の後半に下火になった能を盛り上げたのが豊臣秀吉で、彼はまさに「猿」と呼ばれていました。これは顔が猿に似ていたからといわれていますが、私はそうではないと睨んでいます。幼名は「日吉丸」ですが、日吉とはヒエ（日枝）、つまり猿の神社です。実際に秀吉がなにをしたかは後で見ますが、この「猿系」が天下をとった時代に能が発展したことは特筆すべきことです。

「わざおぎ＝俳優」の起源とは

さて、もうひとつの芸能の起源である海幸彦。『古事記』にも『日本書紀』にも書かれている神話です。漁と猟の道具を交換した海幸彦と山幸彦の兄弟、弟の山幸彦は兄に借りた釣り針をなくし、兄がそれを許さず意地を張ったことで喧嘩になります。結局、弟は釣り針を探しに海中へ行き、そこで出会った豊玉姫の海神一族を味方につけた山幸彦が海幸彦に勝利します。その戦いの最後に「自分が負けたさまを永遠にあなたの前で演じましょう」と、海幸彦が山幸彦（神武天皇の祖父とされます）に約束する文章が『日本書紀』にあります。

赤色の染料を「吾、身を汚すことかくの如し」と掌と顔に塗り、永遠に「汝の俳優者《わざおぎ》とならむ」と誓うのです。いじめられていた子が、いじめっ子に「あなたにこれから一生笑われましょう」と手下になることを誓うようなもの。権力者のそばにいてご機嫌をとる芸のありよう、あるいは「絶対私は反乱しません」という臣従を誓うありようです。

この「わざおぎ」、つまり「俳優」という言葉は本来は狂言役者のような、笑われる喜劇役者のことで、コメディアンを指します。不安定な世の中で生き抜くための、恭順の意の示し方だったのです。

この「恭順を示す行為としての芸能」については大きな転換があります。その転換を成したのが、観阿弥と世阿弥でした。これに関しては後で詳しくお話しします。

世阿弥の履歴書から

能を大成した世阿弥は、1363年（南北朝時代）生まれ。幼名を藤若（それ以前に「鬼夜叉」という名前があったという説もあります）、本名は元清といいます。

父は「大和猿楽四座」と呼ばれる奈良の辺りで活躍し始めた猿楽座のひとつ、「結崎《ゆうざき》座」（後の観世座）の人気スターの観阿弥です。物真似を得意とした大和猿楽の芸を継ぐ観阿弥でしたが、彼はそれに田楽の得意とした優美な舞を取り入れ、さらには白拍子の舞を源流にもつ曲舞《くせまい》という芸能からリズムの面白さも取り入れて、猿楽能を総合芸術として完成させました。

世阿弥は、その長男として生まれました。12歳の頃に京都の今熊野神社で、観阿弥と獅子を舞った舞台で人気に火がついたといわれています。この時、17歳の若き将軍、足利義満に出会い、寵愛を受けてそば近くに召されて将軍の「花」となるのです。将軍は、藤若を特別にかわいがったようですが、批判も多かったようで、三条公忠《きんただ》の日記には、将軍が藤若を同席させたことを非難して「散楽は乞食の所行」などと書かれています。しかし、藤若の名を与えた二条良基をはじめ、当代きっての文化人たちもてはやすようになり、将軍や公家などのパトロンを得たことで、親子は「乞食」呼ばわりの底辺の存在から時代の寵児となり、同時に、能は都会の娯楽へと変貌していきます。

観阿弥が亡くなってからは、世阿弥は名実ともに観世座を率いていく存在になり、演目としても、父のレパートリーを含めた旧作を補綴《ほてい》、編曲しつつ、同時に多くの新作を世に生み出しました。

世阿弥についてはあとでもお話ししますが、彼の功績としては夢幻能と歌舞主体の幽玄能を完成させたことが一番でしょう。すなわち、幽霊や神などの非在の存在（シテ）が旅人（ワキ）に、自分の思いを語り、そして舞を舞うという、もっとも能らしい能の形を完成させ、現代につながる能の素地と、そして現代まで演じ続けられている多くの名作を作ったことです。

ただ、世阿弥には子供がおらず、後継者問題を抱えていたようで、甥の音阿弥《おんあみ》を養子に迎えます。30代に入った頃から世阿弥は、自分の芸の伝承を考え、『風姿花伝』の執筆を開始したといわれています。当初は「花伝」のタイトルで構想を始め、少しずつ書いては直しを繰り返し、書き終えたのは56歳の頃。その際に「風姿」をつけて『風姿花伝』となったとか。後継者や家族に宛てて書いており、芸術論というより、地位を保ち続けるにはどうすればよいかを教えるマニュアル本という側面が強くあります。

さて、音阿弥を養子にした後、長年子どもができなかった世阿弥夫妻に、元雅《もとまさ》（長男）、元能（次男）、娘（金春禅竹の妻に）の3人の子どもが生まれます。一度は後継者と決めた音阿弥と、実子の元雅の間で悩んだ世阿弥でしたが、1418年に完成させた『風姿花伝』は、実子の元雅に伝えました。

愛は移ろうもの、義満との関係も、時間とともに変わります。次の将軍、義持はまた別の役者を重用し、六代将軍義教も世阿弥ではなく養子の音阿弥を寵愛したことにより、音阿弥が観世座を率いるようになり、一座は音阿弥グループと、反主流派の世阿弥・元雅グループに二分していきます。

ところが、次男の元能は出家し、すぐに長男の元雅も30代前半で興行先で命を落とします。後継者を失った晩年の世阿弥は、娘婿の金春禅竹を支えにしたようで、芸の理論をこの禅竹にすべて伝えています。

1434年、さらなる試練が72歳の世阿弥を襲います。都から追放され、佐渡に流されたのです。南北朝の争いが背景にあるとも言われますが、配流はなかったという説まであり、真相は定かではありません。音阿弥の末裔となる観世家の伝承では、1443年に死去とありますが、没年も正確には不詳です。詳細は不明ですが、最期は佐渡だったのかもしれません。

秀吉の芸能における功績

世阿弥のあとを継いだ音阿弥は、将軍と観世座との結びつきをいよいよ強固にし、能を諸芸の中心とする役割を果たしました。また、娘婿の金春禅竹（1405〜1470頃）は世阿弥の芸を継ぎながらも独自の作風の能をいくつも新作し、能はいよいよ盛んになり、世阿弥の偉業を確固たるものにしました。

が、音阿弥、禅竹の晩年に起こった応仁の乱（1467〜1477）と、それに伴う将軍の権威の失墜は、芸能界の衰退を招きます。当時の日記によると猿楽者たちの貧窮ぶりは、舞台衣装にも困るほどだったようです。しかし、それを盛り返したのが音阿弥の七男の観世信光です。彼は今でも人気のある『船弁慶《ふなべんけい》』や『紅葉狩《もみじがり》』などのにぎやかなわかりやすい作品や、『玉井《たまのい》』や『大蛇《おろち》』などの神話を材とする作品、そして松尾芭蕉も大好きだった『遊行柳《ゆぎょうやなぎ》』などを作って、能に新風を吹き込みました。

また、玄人の能に元気がなかったときに、「手猿楽」という素人出身で半玄人の能楽師集団も活躍していました。この「傍流」の芸能は脈々と後世につながっていき、玄人はだしの能楽師まで現れます。

その後、室町幕府は弱体化し、戦国時代に入りますが、世を治めた織田信長（1534〜1582）もまた能を好みました。とはいえ、能の歴史でなんといっても忘れてはいけないのは、「猿」と呼ばれた豊臣秀吉（1537〜1598）です。

秀吉は能において特別な存在です。まず本人が能を大好きだったので財産を費やして能面や能装束を製作し、能に貢献してくれたこと、それから自分を主人公とする能を数多く作っていることからです。これは「豊公能」と呼ばれ、『明智討』『柴田』『北条』『吉野詣』『高野参詣』『この花』の6曲が伝わっており、名称の通り自分がいかに敵を攻略したかを讃える「オレ様能」です。しかも、自身が熱中するだけでなく、身近な人々にも能や狂言を舞うよう強く勧めたらしいので、天下人に逆らえず周りの人は迷惑したかもしれません。『明智討』は、本能寺の変の後、明智光秀を秀吉が討つ内容で、信長公の敵をいかに自分が討ったかをやたらと丁寧に伝えてくれています。

もっとも、その実力はといえば、「謡も満足に歌えない稚拙な芸であった」そうです（『岩波講座　能・狂言I　能楽の歴史』）。「ソへ声」という記録が残っているのですが、これは隣で一緒に歌ってくれる人がいたという意味です。声を添えるどころか、その人がメインだったかもしれません。むろん多忙な天下人の秀吉ですから、そんなにたくさんの演目を覚えることはできず、同じ能を何度も何度も演じることが多かったようですが、それでも繰り返し演じた事実は秀吉の能好きを表しています。また、帝の前で演じる予定だったけれど、それが中止になって帝を煩わせずにすんだ、というエピソードも残っています。

広島の鞆《とも》の浦《うら》には、秀吉が作った能舞台が残っています。重要文化財に指定されていて、普段は使われていないのですが、一度機会があってこの舞台に立ったことがあります。舞台は普通の広さですが、楽屋があまり広くはありません。というのも、秀吉が朝鮮出兵の際に現地で能をやるために、釘を一本も使わず、分解して船で運搬可能に設計した「能舞台」だからです。持ち運び可能な舞台までつくるなんて、相当な能ファンですね。長くなった出兵の間も、能の稽古に余念がなかったようです。秀吉は、流儀の中でも最古の金春流に師事し、奈良に知行地まで与えたそうです。しかし、金春流だけでなく大和四座（金春・観世・宝生・金剛）を制度として保護したために、四座の能役者は生活が安定し、芸に専念できるようになりました。

また、秀吉と能との関係で忘れてはいけないのが、やはり装束を華美にした点なのです。ちなみに、信長はそこまで能には影響を与えていません。信長が舞った「人間五十年」の節を持つ『敦盛』は、世阿弥のルーツである猿楽能ではない幸若舞ですし、秀吉が能に凝って推奨したことで、劇的に能は広まったからです。

家康と秀吉と前田利家の3人で演じたと伝わる狂言『耳引《みみひき》』もあります。これはいま上演されている『口真似《くちまね》』か『居杭《いぐい》』ではないかと言われています。いずれも市井の人たちの酒癖やいたずら心を扱った内容ですが、諸大名からすると天下人となんてやりにくかったはずで、サラリーマンゴルフ的な、完全なるお付き合い能だったのではないかと想像してしまいます。

伊達「独眼竜」政宗は太鼓が得意だったと言われていますが、大河ドラマの『真田丸』ではその辺りの演技も出ていたそうですね。ほかにも、主役の堺雅人が『高砂《たかさご》』を戦の際に謡ったとか。よくぞ描いてくれた、というところでして、当時の武将にとっては、当たり前にできたことなのです。

第三章　能はこんなふうに愛された

能の式楽化

そろそろ江戸時代に入りましょう。家康は今川義元に預けられていた少年時代から能を習っていました。二代将軍の秀忠も鼓を打っており、歴代の将軍の多くは能を好んだようです。

特に五代将軍綱吉（1646〜1709）は「徳川綱吉の能狂い」などと言われるほどの能好きでした。犬好きはつとに有名ですが、多くの面で過剰な人だったのか、能に対しても並々ならぬ熱意を示していたようです。自らの舞を他人に見せるのが大好きで、なまじ偉いものですから、側近はもちろん大名も能仲間にしようとする。さらには能役者の人事にまで口を出したというから迷惑な話です（参考・前出『岩波講座』）。

さらに能楽師を数十人ほど、武士階級に取り立ててもいます。将軍がここまでやったら、能が法制化されたようなもの。能が幕府の式楽になったのは三代将軍か四代将軍あたりだといわれていますが、名実共に式楽として根付いたのはこの時期かもしれません。正式な幕府の式典で演じられる芸能ですから、能にある程度の造詣がなければ武士としての出世はのぞめない。

ちなみに、各藩で能を教え始めるのもこの頃からです。興味深いことに、能が盛んな藩は、たとえば北陸の加賀藩や肥後熊本藩など、その多くが外様《とざま》です。幕府は、外様の領地を江戸から遠距離におき、江戸に呼びつけお金を使わせました。これが参勤交代ですね。能も、面や装束《しょうぞく》や舞台を誂《あつら》えると、他と比べ物にならないほどにお金がかかります。参勤交代と同じで資金力を削ぐ意味でも、幕府は能を利用していたようです。だから逆に、譜代大名や、徳川家の血筋の松平家の藩は、あまり能が盛んではありません。別に無理をしなくてよかったわけです。

ただ、出雲松江藩の松平の殿様は、茶人としても著名な不昧公《ふまい》（松平治郷。1751～1818）を始め、多くの殿様が能を好んだようです。なんと殿様が町人と一緒に能を楽しんでいたらしく、松江の商人、瀧川伝右衛門による『御囃子日記《おはやし》』と題した書物が残っています。町人たちが城中に上がり、藩主や家老以下の武士たちの前で「御松囃子」（幕府や大名家で行われた、正月の謡初め）で謡や囃子方を勤めた詳細が記録されています。

一曲の演能時間が、室町期の2倍を要するほどゆっくりになったのは、綱吉から吉宗あたりの時代だと言われています。同時に、「強吟《つよぎん》」と言われる強い息づかいの発声の謡が生まれます。式楽化と共に、武士の剛健さが求められるようになったのでしょうか。

また、室町時代まで演じられていた、「切組能《きりくみ》」あるいは「切合能《きりあい》」と呼ばれる、言わば「ちゃんばら能」が、江戸時代にはあまり演じられなくなります。今の能からは想像もできないのですが、時代劇映画のように斬り合う能が式楽以前にはたくさん演じられていたようです。

式楽化されたことで、武士はみな能を学ぶようになります。とはいえ、小藩ではやらない武士がたくさんいたようです。そのあたりの事情を題材にした、『能狂言』という落語があります。小藩の殿様が江戸に行って能狂言（おそらく狂言）を見てきた。すばらしかったので、戻って家臣達にやれと命じるのですが、その藩の人は誰も能狂言を観たことがない。どうにもダメで、「能狂言を知っている者はいるか」と立て札を出す。

そこに江戸からふたりの噺家がやってきて「こいつはいい、騙してやろうぜ」と、デタラメを教えて結局は歌舞伎をやっておしまい。それくらい、藩ごとに能の状況は違っていたわけです。逆に、能の扱い方で、藩の状況がわかるというものです。

活躍する素人集団

江戸時代には、秀吉の頃の「大和四座」である「観世《かんぜ》」「宝生《ほうしょう》」「金春《こんぱる》」「金剛《こんごう》」の4つの座に、「喜多《きた》」流を加えて、「四座一流」がプロの能楽師として幕府に認可されるようになりました。これも綱吉の頃のことで、このように流儀が固まってからは現在まで、断絶や切腹で減ることはあっても、増えることはありませんでした。

能にはシテ方（主役）、ワキ方（シテの相手）、狂言方、囃子方（楽器を演奏する）という役がありますが（次頁参照）、この役ごとに流儀があって、たとえばシテ方には、観世、宝生、金春、金剛、喜多、と五つの流儀があります。このうち観世と宝生の2つを上掛《かみがかり》、あとの3つを下掛《しもがかり》といいます。

この「上下」は身分などの上下ではなく、芸風の違いです。もともとは京風、奈良風からきたといわれていて、これまた言葉での説明は難しいのですが、上掛はこう、下掛

- シテ方
  - 上《かみ》掛《がかり》
    - 観世《かんぜ》流
    - 宝生《ほうしょう》流
  - 下《しも》掛《がかり》
    - 金春《こんぱる》流
    - 金剛《こんごう》流
    - 喜多《きた》流
- 三役
  - ワキ方
    - 高安《たかやす》流
    - 福王《ふくおう》流
    - 下掛宝生《しもがかりほうしょう》流
  - 狂言方
    - 大蔵《おおくら》流
    - 和泉《いずみ》流
  - 囃子方
    - 笛方
      - 一噌《いっそう》流
      - 森田流
      - 藤田流
    - 小鼓方
      - 幸《こう》流
      - 幸清《こうせい》流
      - 大倉流
      - 観世流
    - 大鼓方
      - 葛野《かどの》流
      - 高安流
      - 石井流
      - 大倉流
      - 観世流
    - 太鼓方
      - 観世流
      - 金春流

（『まんがで楽しむ能・狂言』より）

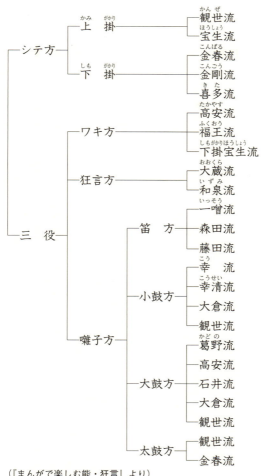

はこう、と、演出などでくれるところがあります。

なお、現在、ワキ方は高安《たかやす》、福王《ふくおう》、下掛宝生《しもがかりほうしょう》の三つがありますが、かつては進藤《しんどう》、春《しゅん》藤《どう》もあり、シテ方と同じく五つありました。下掛宝生流は、金春流（下掛）の座付であった春藤流から分かれたので、芸風が下掛だということで下掛宝生流という名になっています。こちらは漱石が習い、そして不肖ながら私が所属している流儀なので、後ほど詳述します。

ちなみに春藤流は私の師匠のお父さんが宗家代理をしていたのですが、終戦の翌日に切腹されてしまい、春藤流は断絶。師匠は下掛宝生流に入りました。

室町時代後期から、プロ以外の手猿楽師の演能が盛んになったと書きましたが、江戸時代にも、同様の愛好家による能が流行しました。そのひとつは、道ばたやちょっとした小屋で行われる「辻能《つじのう》」で、身分に関係なく「好きだからその辺で能をやっています」というもの。浪人や商人が役者となったり、吉原の遊郭や四条河原では遊女による「女能」も行われたり、人気が高すぎて幕府から禁止される場合もあったそうです。

つまり、江戸時代の能は、①幕府の管轄の下で行われた四座一流、②諸藩大名の四座一流の弟子筋による能、③地方在住の町衆や農民による神事能、④巡業する猿楽役者や愛好家の辻能、この四種に大別されるのです（以上、竹本幹夫論文集「江戸時代の能楽に関する基礎的研究」より）。

③の神事能の代表としては、島根県の佐陀《さだ》神能が挙げられます。これは今も続いています。地元の方にお話をうかがったら、江戸時代には京都に吉田神道を学びに行く習慣があり、同時に能も学んで帰ってきたらしいのです。佐陀神能に限らず、昔はまったく能とは違った神楽がたくさんあったらしいのですが、多くの神社で、そうして「能化」していきました。

私が定期的に出かける島根県には、出雲の「大土地《おおどち》神楽」など古式を残している素朴な神楽があります。記録にあるだけでも３００年以上続くその神楽をする場所に行くと、十字路で、楽屋のある先に道路を挟んで、そのまま橋掛かりのある能舞台のような場、つまり土地のものと異界のものとが出会う辻なのです。そこの神楽は、地元の祖霊に対して行われているのですが、能楽師のような漂泊者が訪ねてくると、互いに影響し合います。つまり、神楽もそれによって変容し、能も変容していく。日本の芸能はそうやって互いの影響でどんどん変容していったのではないかと思います。

話がそれました。江戸時代の能には、四座一流、幕府、地方の諸藩、それから今の地方の神事能、そしてもうひとつは半玄人による辻能、といくつもあった。四座一流、幕府、地方の諸藩は、今で言えば能楽協会に所属しているようなもの。ですから、多くの大名が幕府との関係を保つためにも能役者を育成する必要があった。武士がそのまま能役者に転じる場合もあり、浪人中の武士階級の多くが、役者に転身して士官の道を求めるようになります。能楽師になれば士分（武士の身分）に取り立てられる可能性が出るわけです。

しかし、能楽師としては士分になるといろいろ面倒なことも多かったようです。まあ芸能をやりたいのに公務員にさせられたようなものですから、気持ちはわかりますね。

身分社会を越えた先達たち

流儀を形成した本流の能楽師ではない、手猿楽やその他の先達を紹介しておきます。能の本流からは外れるため、時代を超えた別の流れとして紹介しておきます。本流ではないこの「傍流」が綿々と続き、愛好家がいたからこそ能は長く存在してこられたのだと思います。これがまた、ユニークな傑物が多いのです。

まず、有名なのは下間少進《しもつましょうしん》（１５５１〜１６１６）です。本願寺の坊官の家柄に生まれ、その外交手腕から織田信長の信頼も厚かった下間は、偶然、重傷の能楽師を助けた縁で教わり始めて手猿楽者となり、専業の役者をしのぐ活躍をしていたそうです。素人ながら時代を代表する能楽師で、自身の演能記録では66歳で亡くなるまでの30年間に1200回近くも能を演じており、こうなってくると、素人と玄人の差が何なのかわかりません。大河ドラマのテーマになりそうな人です。

もうひとりこちらの能楽史上大事な人物としては、間部詮房《まなべあきふさ》（1666～1720）がいます。藩主の家臣の子として生まれますが、甲府藩主であった徳川綱豊（後の六代将軍家宣）に気に入られ、将軍のそばに仕える側用人として幕府に入ります。七代将軍家継にも仕え、政治の中枢で活躍します。能楽師としての記録はあまりないのですが、当時の身分社会の厳しさを考えれば、社会の底辺から大臣になったような大出世です。晩年は、新井白石と一緒に政治を仕切ったそうです。マンガの『大奥』（よしながふみ著）にも登場していますね。

もうひとり、金山奉行の大久保長安《おおくぼながやす》（1545～1613）も忘れてはいけません。猿楽師の家に生まれた後、甲斐の武田氏の家臣となり、武田氏が滅亡したために家康に猿楽師として仕えました。その後鉱山技術を買われて金山や銀山の開発にあたり、石見、伊豆、佐渡で腕をふるいます。佐渡に数多くの能舞台ができたのは、この人のおかげだといわれています。死後に、不正蓄財と謀反の罪で断罪されますが、この人も波瀾万丈の人生、大河ドラマ候補です。

浮世絵師の葛飾北斎（1760〜1849）が能楽師だったという説も有力ですし、東洲斎写楽（生没年不明）も能楽師だったようです。ほかにも、能楽師や手猿楽の中には、知られていないだけで傑物が多くいたかもしれません。

謡は庶民のたしなみ

江戸の庶民に目を向けていきましょう。普通の能狂言の上演は、庶民はめったに見られませんでした。基本的に能は、武士階級がたしなむもので、庶民からは遠い存在だった。それでも、能の詞章を謡う「謡《うたい》」だけは別でした。能の詞章を謡うことや曲そのものを「謡」ないしは「謡曲《ようきょく》」と言います。世阿弥は舞と謡を能の中心におきましたが、舞台を展開させるのは謡です。

謡の基本は七五調です。これは、日本語をいちばん美しく響かせるリズムであり、12音をひとつの文として、八拍子に当てはめていきます。ただし、一拍一拍の間が自由に伸び縮みするので、ふつうに聞くと八拍子には聞こえません。また、能では、役柄の性別や年齢で特別に声色を変えるということはありませんし、西洋音楽のような絶対音階がないので、唱和する地謡（コーラス）の調律はそのつど決められ、ハーモニーを目指さずにそれぞれの声で謡います。そのおかげで、多様なリズムや息遣いに、表現の彩りが出るのです。

たとえば能『吉野天人』で最初の謡の詞章は「花の雲路をしるべにて、吉野の奥を尋ねん」というものです。文字で読んでしまうと特別の美しさを感じませんが、これが能の謡のあのゆっくりした調子で謡われると、最初の「花」で満開の桜がイメージされ、次に「花の雲」となり、満開の桜がまるで雲のように空一面に広がっている景色となります。さらにそれが「雲路（雲の中の道）」ですから、その空一面に広がる桜に導かれるように山道を歩いているうちに、気がついたら「吉野山に来ていた」、そんな情景が脳裏に浮かぶのです。

また、『雲林院《うんりんいん》』の最初は「藤咲く松も紫の、雲の林を尋ねん」。これは「藤咲く」で、美しい藤の花がイメージされ、次いで「藤咲く松も紫」ですから、藤がからまる松すらも藤の色である紫に変容しているさまが謡われ、さらに「紫の雲」と空の雲までもが藤の色が映って紫の色になっている。そんな「雲の林」、すなわち「雲林院を尋ねよう」と謡うのです。

謡われることによって詞章は、そのイメージをより鮮明にし、言葉だからこそ表現できる世界を謡います。

そもそも「能」と聞くと能楽堂の舞台を思い浮かべると思うのですが、ああやって装束を身に着けて舞台に立つよりも、この謡を謡う事が江戸時代の庶民にとっては流行のひとつであり、教養でした。

なにしろ、謡は江戸時代の寺子屋での基本教科でした。寺子屋では、儒教関係の書物の音読をしていたようなイメージが強いかもしれません。しかし、実際にいちばん重視されていたのは、「往来物《おうらいもの》」と呼ばれる往復書簡を使った一般常識の学習です。ものによってはこれに小笠原流の礼法が一緒についている本もあって、たとえば町で貴人にあった時の礼の仕方など、わりと具体的なことが書かれていまして、そういったことと一緒に謡も教えられていたのです。

つまり、江戸時代の人たちにとって謡は、生活に根差したものでした。そのため、武士階級に限らず、庶民も含めてかなりの人が謡えました。たとえば、大工さんも棟上げ式の際に謡うし、魚屋さんも縁起ものを納めるのに謡う。結婚式の場では謡は必須なので、謡えないと出られませんでした。今では謡を謡う魚屋さんはいなくなりましたし、結婚式で謡を所望されることも少なくなりましたが、新築の家の棟上げの式典で『鶴亀』などを謡うことはまだあり、建築関係者で謡を習う人は今も多いようです。

謡は古典を学ぶツールだった

そもそも、今はなくなってきていますが、芸をたしなむという慣習が、一定以上の階級の人には求められました。中世からつい最近まで社会的地位のある人や、教養があるとされる人は芸のひとつやふたつはたしなむものだったのです。中国でも、『論語』には「芸に遊ぶ」という行為が「道」や「仁」や「徳」と並べて書かれています。芸をもたないということは、道からも徳からも離れており、文化人ではないと思われていました。現代中国でも、書画と詩に堪能な文化人は多く、即興で詠んだ自作の漢詩を達筆な字で書き、その横には墨でさっと絵を添える。あるいは、琴（孔子も学んだという古琴）を弾じながら、その詩を即興で詠うという人までいます。即興で詠じる習慣は日本でも四〜五十年ほど前まで残っていました。

しかし、これは逆もありで、芸から文化を学ぶ、芸から道や徳を知るという人も多かった。中でも、能の謡は日本の文化を学ぶには最適です。

というのも、謡の詞章には、古典が数多く引用されているからです。

謡は室町後期には都市に普及していましたが、江戸時代になると当たり前の教養として、暮らしに溶け込んでいきました。この頃に、能の中から謡が分離していきます。

本来、日本の古典は、あらすじにあまり意味がなく、特定の一部を取り出してそれを丹念に読むことによって理解を深めるものです。黙読だけではなく、実際に自分で声に出し、ときには自分も古典の主人公となって演じたり、あるいは実際に旅をしたりするものでした。それには能がうってつけ。声に出すときには謡の手法が使えます。

たとえば『源氏物語』のような長大な作品は、昔でもしっかりと読んでいる人はほとんどおらず、多くの人にとっては謡を通して知るものでした。寺子屋で謡ううちに自然と『源氏物語』も身につけていたのです。祝い事の場で謡う祝言謡《しゅうげんうたい》を入れた教科書もあれば、『源氏物語』などで能になっている場面を、挿絵入りで謡として伝えるような教科書もある。

『源氏物語』は全部を通して読もうとすると大変ですが、よく引用される箇所は、だいたい20カ所ぐらいと決まっています。たとえば「雨夜の品定め」や、六条御息所のとり憑く場面、葵上《あおいのうえ》の亡くなる場面……そういう名場面は能になっているものが多く、それを謡として寺子屋でも習うので、自分が光源氏や六条御息所になったつもりで謡っているうちに、いつのまにか物語の本質を知るようになるわけです。

ですから、能は武士だけのものでしたが、その詞章を謡うという行為は、農民を含めて庶民に流行っていました。

こんな話を聞いたこともあります。

『羽衣《はごろも》』という、漁師が天女の落した羽衣を拾い、天女とやりとりをする能があります。ワキの漁師が羽衣を手にして「いかさま取りて帰り古き人にも見せ、家の宝となさばやと存じ候（この羽衣を取って帰り、古老に見せて家宝にしよう）」と謡うと、天女のシテが「なうその《のう》衣はこなたのにて候。何しに召され候ふぞ（もし、その衣は私の衣です。なぜ持っていってしまうのですか）」と続ける詞章があるのですが、明治の頃、金沢に旅をした能好きな人が、「家の宝となさばやと存じ候」と漁師のセリフを謡いながら歩いていたら、後ろから来た通りすがりの大工さんが「なうその衣は……」と唱和して、ふたりで『羽衣』を一曲最後まで謡って、名前も聞かずに別れたそうです。さすが金沢、という逸話です。

会話は交わさないけれど、深いレベルで共有するものがあって、安心できる。そしてあっさりと別れる。その場限りのジャズのセッションのようなものです。

謡は、古典や、土地の物語や神楽を選りすぐった「名場面集」とも言えます。その編集者は観阿弥・世阿弥をはじめとする能作者たちです。そして世阿弥は、『源氏物語』や『平家物語』などの古典を舞台で上演できるようにした。言わば、古典の立体化という偉業を成し遂げました。これは世界的に見ても、刮目すべき功績です。こういうことをしている人はいません。

敗者のための能を守ったのは「勝者」

江戸時代に武士にも庶民にも流行った能ですが、曲の中で、武将は基本的にみんな修羅道（阿修羅のいる、争いの絶えない世界のこと）に堕ちてしまうのがお決まりの展開です。ところが、不思議なことに、そういう能のスポンサーは、前述の通り、武士です。喩えていうなら、私がどこかの銀行から能の創作の依頼を受けて、「銀行員は金の亡者となってみんな地獄に落ちる」という能を作るのと同じです。これはとんでもないことです。

能の主役は敗者の立場の幽霊だというのが常です。たまには勝者の武将もいますが、しかしやはり修羅道に落ちて、苦しみます。最後には一応、成仏はしますが、その苦しみを一曲の中心にするのは、敗者の魂を慰めるという意味が大きかったのでしょう。

これが太平洋戦争中に作られた能になると話は変わってきます。たとえば『忠霊《ちゅうれい》』は、戦争に行って見事に死んで、それでもまた生まれ変わって国のために戦う、といった内容です。残念ながら物語のカタルシスがなくあまり面白いとは言えない代物です。ほかにも、昭和18年に作られた『皇軍艦《みいくさぶね》』という創作能は、「出航した軍艦が途中魔物に襲われるが、退治して無事戦地へと赴く話」です。シテが赤道の神で、ツレ（シテに付き従う役）が龍神、ほかに登場するのは艦長、航海長、砲術長、甲板士官……。他にも、戦争ものはタイトルだけでいえば、『海戦』『撃ちてし止まむ』『玉砕』など結構あります。

能の構造はこれから説明していきますが、世阿弥なら、戦いで死んだ人が出てきてガダルカナルの苦しみを語るというストーリーを作ったのではないかと思います。しかし、ご時勢なのか、太平洋戦争に関する曲は戦争賛美の作品しかありません。夢幻能の構造を使って、負けた側を慰める装置としても能は機能してきたのですが、幕府の後ろ盾がなくなった明治以降、そうした社会に対する批判の能がなくなったとも言えるでしょう。

明治初期と戦後直後の困窮ぶり

能が史上最大の危機を迎えたのは、明治維新です。一気に幕府や武家の後ろ盾がなくなり、玄人たちも兼業でないとやっていけなくなった。役所の窓口で働く家元もいれば、道端で能を演じた人もいたと聞きました。明治維新後、能は衰え、能舞台の数も減ったのです。

この状況を変えた功労者が、「能楽社」を興した岩倉具視《ともみ》です。岩倉を中心とする明治政府は、能や狂言を総じて「能楽」という名称を新たにつけました（ただし、本書では狂言を含まない「能」という言葉を使用しています）。そして、この「能楽」の復興に取り組み始めます。海外の要人のもてなしに役立つという利点や、オペラのような文化的価値を見出したためだとか。岩倉は、明治天皇一行を自邸に招いた際に、長く舞台から離れていた能楽師たちを呼び寄せて能を上演してもらうことで、陛下を歓待したそうです。

そして、1881（明治14）年には、華族を会員の中心とした能楽社を発足させ、屋外にあった能舞台を、そのまま東京・芝公園内の建物の中に収めて芝能楽堂を設立しまです。

した（後に靖国神社へ舞台は移設）。岩倉は、建設中毎日のように様子を見に行ったそうです。

能楽堂は、その後、屋外での能舞台を屋内にそのまま収めるこの形で、数が増えていきます。能舞台そのものを残した判断は、能楽の舞台芸術の独自性につながったと思います。また、明治天皇と英照皇太后（明治天皇の母）が非常に能楽好きだったそうで青山御所に明治天皇は能楽堂を建てました。昭憲皇太后（明治天皇妃）も青山に通って一緒に能を観たとか。ドナルド・キーンさんの『明治天皇』には能の鑑賞記録が実に沢山書いてあり、明治天皇も皇后もかなり能を観ていたことがよくわかります。公家が能を観る習慣があったからでしょう。

また、それまでは町人などに謡を教えていたのは玄人の能楽師ではありませんでした（一部のワキ方が教えるということはあったようですが）。それがこの頃から広く門戸を開くようになりました。これまで接点のなかった職業の人にも教えるという方針は、能の普及という点では大正解でした。医者や弁護士といった新興階級が能にのめり込むようになったのです。文学者の中からも、夏目漱石、正岡子規、高浜虚子、泉鏡花、夢野久作とどんどん能の愛好家が出てきました。夢野久作は謡を教えていたくらいで、能に関する著作も数多くあります。

大正以降も安泰だったわけではありませんが、なんといっても大変だったのは戦後です。若い能楽師は戦争に行ってしまって稽古も上演の機会もありませんでしたし、能舞台の多くは焼けてしまいました。当時の能楽師たちは学校などを回り、普及活動にいそしんだと聞きます。とはいえ、当時は国民全員が大変な状況で、能楽師だけが苦労したというわけではなかったですし、終戦の翌年頃には上演が再開されたとも聞くので、社会全体と共に復興していったのでしょう。

その後、1965年頃には能の大ブームがありました。立原正秋が小説『薪能』などで能のことを大人の恋もまじえて書き、ベストセラーになったのです。本来薪能は2月の御水取りで行われる興福寺の神事でしたが、この本に書かれたことで季節を問わないように変わったほど影響がありました。

三島由紀夫の『豊饒の海』も、第四巻を『天人五衰』という『羽衣』の詞章をタイトルにしており、全巻に登場する物語を語る本多という人物をワキとし、各巻の主人公をシテとする能の構造そのものの作品です。各巻の並びも後述する「神《シン》・男《ナン》・女《ニョ》・狂《キョウ》・鬼《キ》」の能の分類にのっとっているようにも思えます（64頁）。また、同じ三島の『英霊の声』は、能管がその音を模したといわれる石笛で、死んだ特攻隊員などの霊を呼び出し、彼らに思いを語らせるという内容で、これもまさに能ですね。それになんといっても三島には『近代能楽集』という、能を読み直して、現代劇として創作した作品群もありますし。

現代の小説家では、ご本人が意識されているかどうかはわかりませんが、梨木香歩さんや村上春樹さんの作品にも能を感じます。おふたりの小説には、日常生活のすぐ近くにある異界への扉から出てくる人物が、ワキとしての主人公と交流する物語が多く、それは世阿弥が完成させた夢幻能の物語構造にとても近いものです。

また、杉本苑子さんは世阿弥を主人公にした『華の碑文—世阿弥元清』という小説を書かれていますし、演劇では山崎正和さんが『世阿彌』を書いています。

白洲正子さんや馬場あき子さんは能や能をベースにしたエッセイをたくさん書かれていますし、漫画家ではなんといっても花郁悠紀子《かいゆきこ》さんです。残念ながら早世されてしまいましたが、『幻の花恋』所収の「不死の花」など、能の漫画としては、私は一番好きです。また、花郁さんの妹である波津彬子《はつあきこ》さんは雑誌『幽』で能の漫画の連載をされていますし、彼女の人気作品『雨柳堂夢咄』は骨董に宿る霊と、骨董屋、蓮との交流の物語で、これも能的です。そのほかにも木原敏江（『夢幻花伝』は世阿弥の伝記漫画）、成田美名子（『花よりも花の如く』）の各氏も能の漫画を描かれていて、その漫画をきっかけに能舞台にいらっしゃるという方も多いようです。『花よりも花の如く』は、監修として能楽師も入っているとのことで、能楽界の内部も垣間見えて、マニアックな楽しみも味わえます。また、能の書店である檜書店発行の『まんがで楽しむ能・狂言』（小山賢太郎）も人気です。能の漫画は全く描いてないのですが、『チェーザレ』の惣領冬実さんは、能楽師の娘さんです。美内すずえさんの『ガラスの仮面』の劇中劇の『紅天女《くれないてんにょ》』は実際に新作能が上演されて全国各地で大人気でしたね。山岸凉子さんも能的な作品をたくさん書いていています。

このようにして見ると、折々で実力のある方や、才能のある方が能を応援してくださっていると改めて感じます。

戦前までは入門しにくいと思われていた能や謡も、戦後は企業内サークルや、地元の謡の師範が各地で教えることでも広がり、能の謡を習う人口が急増しました。今は会社の謡のサークルも少なくなり、謡人口は残念ながら減っていますが、これからの社会の激動期にこそ謡は大切になっていくはずだと考えています。

第四章　能にはこんな仕掛けが隠されていた

5種類に分けられる

能のレパートリーは流儀によって異同があります。現在でもよく演じられるのは二百数十番ですが、過去に創作された能は、2000を優に超えると言われています。能楽研究家で能楽師（小鼓方）でもあった田中允《まこと》（能楽師としては、穂高光晴）さんは番外曲（現在演じられていない謡曲のこと）を調べて翻刻《ほんこく》（原本と同じ内容で出版すること）しており、編集された『未刊謡曲集』は53巻（正31巻、続22巻）にも及び、現在は上演されていない曲も探せます。秀吉の『明智討』などもこれに載っています。

現在演じられている曲は、作者がよくわからないものも多いですが、南北朝から室町時代にかけての、世阿弥の前後に作られたものがほとんどです。観阿弥・世阿弥父子のほか、世阿弥の息子の観世元雅《もとまさ》、世阿弥の娘婿の金春禅竹《ぜんちく》、世阿弥の甥の音阿弥の息子である観世信光《のぶみつ》、金春禅竹の孫の金春禅鳳《ぜんぽう》、信光の息子で室町後期の観世長俊《ながとし》などが主な作り手です。能に親しんでくると、それぞれの作者の個性を味わえるのも醍醐味です。

その後江戸時代に式楽化されると、新作はあまり作られなくなりました。明治以降にも、時事的なテーマなどを扱った新作は作られましたが、新作能が二度も三度も上演される機会は少なく、結局は室町までのものを繰り返し上演する過程で様式美を収斂《しゅうれん》させていきました。こうして現行の二百数十に落ち着いたのです。

この二百数十曲は、シテの役柄や内容で5通りに分類することが多く、「神《シン》・男《ナン》・女《ニョ》・狂《キョウ》・鬼《キ》」に分けられます。初番目物《しょばんめもの》、二番目物、三番目物、四番目物、五番目物と呼ぶこともあります。

神をシテとする能は、初番目物、ないしは脇能物とも呼ばれますが、これは神様が登場して、世の中を言祝《ことほ》いだり、神社の縁起を伝えたりしつつ、颯爽と舞う内容です。

男性をシテとする能は、二番目物、修羅《しゅら》物とも呼ばれ、主に『平家物語』に出てくる武将が、戦で命を落として修羅道に堕ちた苦しみを描くものです。

女性をシテとする能は、三番目物、鬘《かずら》物とも呼ばれ、優雅な美しいものが多い。動きが少ないために、逆に演者の力量が問われる内容が多く、幽玄な至芸が見られる内容で、名曲が数多くあります。

「狂」は四番目物とも雑能とも呼ばれ、ほかの4つに入らないものをまとめていいます。狂女がシテの能が多いので「狂」と呼ばれています。

五番目物は、切能《きりのう》と呼ばれ、番組の最後に演じられることが多く、鬼や妖怪、お酒の精、霊獣などがシテとなるものです。

また、この五番に入らないのが『翁《おきな》』という演目です。もとは「翁猿楽」と呼ばれ、エンターテインメントとしての能に対して、ストーリー展開もなく、天下泰平を祈る神聖で儀式的な曲で、前述した秦河勝が作ったという猿楽のお家芸です。

また、その詞章も不思議で、日本人としてはじめてチベットに入った黄檗宗《おうばくしゅう》の僧侶、河口慧海《えかい》は、『翁』の最初に謡われる「とうとうたらりたらりら」はチベット語であると朝日新聞に発表しました。その説はすぐに否定されましたが、私がチベットに行って、この話をしたら、「それはケサル王伝説の最初に謡う神降ろしの歌だ」といって謡ってくれる人が現れました。王の統治についての叙事詩で、吟遊詩人によって歌い継がれてきた、ケサル王伝説です。それが「あらたらたらりたらりら」という詞章で『翁』の冒頭の謡に似ていたのには驚きました。

ちょっと脱線しますが、世阿弥も能は神楽の流れを汲むと伝えており、能には神様に対して奉じるために演じる、という側面があります。曲が一度始まったらそう簡単に途中でやめることはかないません（とはいえ面や楽器を傷める雨は別で、薪能の場合は中止にすることもあります）。上演中に役者が倒れても中止にせずに、「後見」（シテ方が紋付袴で後ろに座り、なにかと世話を焼く）が代わりに舞うという作法があります。近ごろは人権の問題などもありますから、実際にそうなったらこのような対応をするとは限りませんが、以前にはそのようなことが本当にあったと聞いています。

さて、この『翁』を最初に置き、神から鬼の順に上演しながら、能と能の間に狂言を演じ、そして最後には祝言の短い能を演じるというのが、かつての正式の上演の流れでした。この形式で上演すると、朝からはじめても終わるのが夜になってしまうので、忙しい現代ではなかなかお目にかかれません。それでも能を見るのに、全体の流れや位置づけを知っておくとさらに面白くなると思いますよ。

能面が真実の顔を生み出す

能といえば能面です。能面の話ぬきで能について語ることはできないのですが、私はワキ方の能楽師で、ワキ方は能面を使わないのです。ですから、能面については（少なくとも体感的には）わからないのですが、シテ方や能面作者から聞いた話を中心にお伝えします。

日本は仮面大国です。能面だけではなく、雅楽で使うさまざまな面、神楽面などなど、その量においても、その精巧さにおいても群を抜いています。

能面が角度によってまったく違う表情を見せることはよく知られています。しかし、これは下を向けると悲しい顔、上を向けると喜んだ顔になるといった、ああすればこうなる的なものではなく、演じ手の微かな動きや見る人の心理状態によってその都度違った表情になるという不思議な造形になっています。能面作家の方に聞くと、まぶたや涙袋などの精妙な彫りがその造形を保っているという。

しかし、その顔自体に表情はありません。「能面のような顔」と表現されるような無表情で、だからこそ、あらゆる表情の表現が可能になるのです。つまり、その能面がどんなに精巧に作られていても、そのままでは何も立ち上がってこない。能面は優れた役者がかけたときに、その本来の力を発揮します。

そして、能面をかけたとき、その能楽師にとって能面が「おもて」の顔になるので、能面のことを「おもて」とも呼びます。ちなみに演者は、能面をかけていないときには「直面《ひためん》」といって、能面のように感情表現を殺した顔で舞台に出て、素顔を「おもて」にします。

この「おもて」について、能楽研究者の増田正造さん（1930〜）は、「能面」を役者が顔にかけた時点で真実の顔になる、つまり人間の感情をいちばんよく表すはずの顔面感情を否定する方が、それはより鮮やかに表現される、といいます。人間の素顔は能面に従属するという逆説です。

男性が女性を演じる方が女性性を表現できるのも同じ逆説からです。また、能面があるからこそ、摺り足の軌跡や直線的なデザインによる装束が生き、舞台が完成するのです。

増田さんは他にもさまざまな興味深い指摘をなさっています。たとえば、能は再現写実の演劇ではない、と言うのです。神でも鬼でも、どんな幽霊であろうと、すべては人間の情念や思いを凝縮した象徴であるといえるでしょう。とはいえ、演劇的な手法で何かを「表現」しようとすると、それは象徴ではなく体験や情念の再現になってしまいます。再現的な表現は時代に縛られることになります。映画でもドラマでも、数十年前のものがなんとなく古臭く感じられるのはそのためです。しかし世阿弥は、体験や感情を直接的には見せない夢幻能を創作することで、能を、どんな演劇も逃れられなかった空間と時間の制約から解き放ちました。だからこそ、世界中で高い評価を得ています。能は、ひとつの表現を殺すことによって逆に別の表現を多様化し、さまざまな人間の情緒を表現する可能性を生み出す「器」となったのです。

また、能面の目的は「変身」です。能には神懸り的な要素があると書きましたが、変身とはまさに神懸り、憑依であり、能面は憑依を可能にするための装置でもあります。

能面をかけることで役者の視界は大きく狭められます。シテ方の知人とワークショップをしたときに、参加者にかけてもらったら、「まったくなにも見えない！」と驚いていました。視線の上下がほとんどできず、かなり暗くなりますし、はずれないように強く締めるため、身体的にも窮屈になる。口の穴も小さいので、吐く息を自分で吸うことになり、酸欠状態にもなります。その状況で役者は、意識を内側に集中させ、緊張感を高めます。そして、その身体状態でくるくる回る舞を舞う。これは各地に残る憑依神楽の手法にも通じています。

謡で全国誰とでも話せます

謡についてもう少し見ておきましょう。

つい最近まで、大工さんや魚屋さんだけでなく、結婚式で「高砂《たかさご》や〜」とやっているお父さんも多くいました。このように謡を謡う風習は江戸時代からのものです。さまざまな人がそれぞれの場で謡っていたのです。

またまた余談ですが、結婚式でちょっと謡をというと、あの『高砂』の「高砂や　この浦舟に　帆を揚げて〜」をすぐ謡う人がいますが、実はあれはむやみに謡ってはいけないのです。能『高砂』の詞章の中でも順番があって、最初に謡うとしたら「四海《しかい》波静かにて　国も治まる〜」で、次が「高砂や〜」というのが決まりごとです。そのため「高砂や〜」を先に謡われると、「四海波静かにて〜」は謡えなくなる。仲人さんが謡うのはこのどちらかが多いので、それ以外の出席者は、そのほかの部分も覚えて結婚式に臨むのがあるべき姿です。

ひと昔前までは結婚式だけでなく、成人式や還暦のお祝いなど、人生の節目のさまざまな儀式が謡で進行されていました。謡が堪能で、儀式の作法や次第にも精通していた

「差配人（あるいは指図人）」という人が、そういう儀式の進行の差配もしていた。今でいえば、会場の担当者と披露宴の司会者を兼ねていたようなものです。

このような形の儀式は、最近まで日本各地で見られました。たとえば宮城県の登米《とよま》。能が盛んで、地元の方たちがお金を出し合って能楽堂（「森舞台」1996年オープン）を建てるような土地柄です。隈研吾さんの設計で、森の中に佇《たたず》む素晴らしい場になっています。中学校で能の授業があるとも聞きました。

この登米近くの集落、田尻では、結婚式が20～30年前までは謡とともにあったそうです。まずお婿さんがお嫁さんを迎えに行くのですが、お婿さんの一行が来たら、謡う、お嫁さんが運ばれてお婿さんの家に着くと鈴の音がまた聞こえて、謡う、宴会が始まると進行とともに決まったものを、謡う。途中には、迷惑なことに「床仲人《とこなこうど》」という役の人もいて、その人は新郎新婦を緋《ひ》の布団の上に座らせて、夜の営みの話をするのです。その時に床仲人が謡う曲も決まっている（残念ながらエッチな内容ではなく普通の謡ですが、謡には掛詞の要素が元来ありますから、ちょっとそんなムードも掛けて匂わせています）。

新郎新婦がなにやらしている間にも宴会は進んでおり、ある程度終わりそうになるとお嫁さん側が「そろそろ帰りますよ」と謡うので、お婿さん側が「ちょっと待ってよ」

と謡う。さらに宴会はまだ続き、しかし夜中になるとお嫁さん側が『高砂』の「千秋楽は民を撫で」と最後の方の詞章を謡います。これが出たら、全員が唱和して「千秋楽は民を撫で、萬歳楽《まんざいらく》には〜」と謡って大団円、一日が終わる。

すべて決まりがあってそれで進行していくのは、その場の全員が謡えるからです。よそ者でも謡が三番謡えると仲間に入れてもらえるという、共同体のコミュニケーションツールだったのです。御祝いの場で謡う祝言謡《しゅうげんうたい》は江戸時代の寺子屋でも教えていたようで、『高砂』『猩々《しょうじょう》』『玉井《たまのい》』など決まっており、私が謡を教えている方たちの中には、こういう謡が好きでそれだけを稽古している人もいます。

また、葛飾北斎が老年になっても通ったという小布施《おぶせ》（長野県）には、「お肴謡《さかなうたい》」という風習が残っています。各地でさまざまなルールがありますが、たとえば謡を謡いながらお酒を注ぎ、注がれた方がそれを飲むと、注いだ人から「お肴を」と所望される。望まれたら、謡を謡わなければならない。そういう宴会の風習です。1960年代〜70年代までは全国各地にみられた風習ですが、現在で残っているところは小布施以外には少ないと思います。

宝生流の佐野登師は小布施に伝わる「お肴謡」を絶えさせないようにと指導に行かれ

ています。子どもたちにも謡や仕舞《しまい》を教えていて、子どもたちだけによる能の上演も企画されています。ちなみに佐野登師は『羽衣』で有名な三保の松原（静岡県）でも子供たちに教えておられ、三保の松原の薪能と合わせて開催される「羽衣まつり」では、子どもたちによる謡も披露されます。

ですから、聞くし謡うし、観るし舞うしという人が最近まで日本全国にたくさんいたのです。

最近私が謡を教えている、作家のいとうせいこうさんは、「音楽が消費されるものとなって以来、『歌う人』と『聞く人』の立場を分けて考えるようになり、プレーヤーの時代からリスナーの時代になってしまったとつくづく感じていたが、同じ現象が能にも起こってしまったのではないか」とおっしゃっていました。謡う人と聞く人が、あちらとこちらに分かれてしまった。これは現代の能においても問題点のひとつだと言えます。

少し前までは謡う人と聞く人が同一で、聞いている人は謡える人でもありました。現在でも、ご高齢のお客さんは能楽堂で謡本《うたいぼん》を開いて熱心に聴いていらっしゃいます。

江戸時代には謡には別の効用もあったといわれています。謡の詞《ことば》の部分の文体は「候文《そうろうぶん》」といいます。「〜にて候」と文末につけるあれです。方言が各地にしっかりとあり、口語では互いに通じなかった江戸時代には、謡の文体である候文が武士間の公用語として使われていたそうです。たとえば、津軽弁と薩摩弁はそのまま話したら今でも通じないかもしれません。そんな時に武士は、候文でやりとりしていたのです。江戸城でみんな集まった時に喋るのが、標準語である謡の言葉だった。歴史を継いで、明治になってからも地位のある人たち同士の手紙の文体として使われ続けており、漱石の手紙にも「候文」が散見されます。能という芸能には武士達の心をまとめるマネジメントに必要な要素がいくつもあると同時に、実用的な標準語としての機能もありました。

庶民も、能の舞台には立たないものの、謡がとにかく大好きでした。この謡の歌詞やリズムを記した稽古のための「謡本」は、そんなわけで江戸時代のベストセラーになったのです。江戸末期までに刊行されたその種類は1000に近いと聞きます。

その頃なら、聖書よりも謡本は売れていたのかも……というのは身内の贔屓目《ひいきめ》かもしれませんが、江戸の人口は当時世界一だったそうで、それほどに親しまれていたとは言えそうです。平成の今に至るまで謡本を刊行している出版社は、「檜書店」（観世流、金剛流）、「わんや書店」（宝生流、金春流）、「能楽書林」（観世流改訂謡本、梅若、喜多流）とありますが、檜書店の360年前の創業をはじめとして、それぞれ長い歴史をお持ちです。３社とも入門書や研究書も多く、ＨＰなども充実しているので、興味のある方はご覧になってみてください。

摺り足と刀

能を身体性の観点から見る場合に特徴的なのは、摺《す》り足です。

地面や床にかかとをつけて摺るように歩くあの動きには、重い二本の刀を腰に差していながら腰痛にならないという効能があります。この摺り足は、深層筋《しんそうきん》（重なった筋肉の奥にある筋で、骨や関節の周りにある）、特に大腰筋《だいようきん》（骨盤の背面を支える筋肉）という深層筋を使いますが、この部位をうまく使うためには骨盤が水平である必要があります。

刀を差して歩く武士は、所定位置から刀がズレると歩きにくいですし、腰痛になってしまいます。差した刀がズレず、しかも腰痛にならないよう動ける摺り足を学んだのは当然の流れかもしれません。武士の身になると、あの刀を毎日どう差して歩くかは切実な問題だったでしょう。腰痛は一大事です。時代劇を見ていると、帰宅したら刀を外すシーンが多い。もちろん他の意味もあると思いますが、スーツを早く脱ぎたい会社員のようなもの、あんなに面倒なものは早く外したいはずです。刀によって左右のバランスも変わってしまいますし、身体を刀に合わせて規定していくしかありません。

話は少しそれますが、江戸時代の武士は、武官でありながら文官でもありました。文官として都風の優雅さや教養が必要でもあった。文化的教養は、階級が違うことを示すのにわかりやすい手段ですから、差別化になり、階級維持にも繋がりました。

その後の明治以降の武官たちには、文官的な教養を持つためのシステムがなかったように思います。陸軍大学校（大日本帝国陸軍の参謀将校養成機関）の授業で謡をやったか、和歌を教えたか、といえば、聞いたことがありません。むろん趣味でやっていた人はいたかと思いますが、教育システムとしてはそれがなかった。江戸時代に謡を通して得ていた和歌や古典の情緒や、摺り足を含めて能が伝える身体的な教養を、明治時代以降の武官は身に付けていなかったのではないかと思います。

それは、明治維新で、文官にあたる「背広組」と武官にあたる「制服組」とを区別する考え方が入ってきたからです。江戸時代の武士は当然のように両方を担っていたのに、明治ではそこが分離してしまった。

それを思うと、江戸時代に、「制服組」の側面を持つ武士が、覇権を握っていながら250年間も戦争をしていないのは驚異的です。もう少し話を広げてみましょう。

徳川家康は元和《げんな》という元号を制定しています。応仁の乱から長い間続いた戦乱を止め、平和を維持したいという徳川家康の決意の表れだと思いますが、江戸幕府が能を式楽化した理由もそこにあるのではないでしょうか。武術は舞にも通じます。たとえばチャン・イーモウ監督の、唐を舞台にした武俠映画『LOVERS』の中で、金城武扮する金という役人が盲目の踊り子、チャン・ツィイーの小妹《シャオメイ》に「お前は何ができる」と聞いたとき、小妹は「舞（wǔ）」と答えました。が、実はこの「舞（wǔ）」は「武（wǔ）」であり、小妹は舞いながら武術を繰り出します。

『日本の弓術』を書き、日本文化を外に伝えたドイツの哲学者、オイゲン・ヘリゲルに弓術を教えた阿波研造は、弓道の礼法を舞のように行じなさいと伝えています。舞は武に通じるのです。

暴力性はだれもが持ちえます。ましてや殺戮《さつりく》をなりわいとする武士です。ただ口先で「平和にせよ」といっても血が収まりません。そこで武を舞に変えた。しかも、江戸初期の能には、刀を手にかなり激しく舞う「切組（切合）能」も数多くありました。それを式楽化したことで、権威づけし、ゆったりとしたものに変えて、外に発散する力を内側に向けた。暴力封じ込め装置として能を位置づけようと思いついたこと自体も、そしてそれが長年機能していたのも、すごいことです。家康をはじめとする将軍たちもずっと能をやっていたから、身体的にそれが可能だと実感していたのではないでしょうか。

序破急のすごさ

第二章では触れませんでしたが、世阿弥には『能作書《のうさくしょ》』という能を作るための指南書があります。世阿弥が次男の元能に与えた能の伝書で、正式には『三道《さんどう》』と言い、「種（主題）」「作（構成）」「書（作詞）」の3つの創作手法が書かれています。ここで世阿弥は能の構造は「序破急《じょはきゅう》」にせよ、と書いています。世阿弥の残した教えのなかで最も有名なもののひとつです。

能だけにとどまらず、これは私が何かをつくるときにいつも役に立つ方法論でもあります。舞台を創るときも、短い文章を書くときも、プレゼンテーションをするときも、講演をするときも、「序破急」を意識しているとうまくいきます。

ちなみに、この「序破急」はもともと雅楽の用語で、世阿弥の使い方とはだいぶ違うのですが、しかし世阿弥はこれを観客を引き込む作劇法として応用しました。

まず「序」で観客をこの場に引き込みます。しかも、ただ引き込むだけではなく、いろんな要素を投げかけて、無意識下に何かを埋め込んでおき、話を展開して行きます。次が「破」です。ここが一番大事なところで、大切なことをじっくりと展開します。でも、途中でちょっと眠くなるくらいがいい。ほんとうに眠られては困りますが、半分目を開けながら寝るくらいにしておいて、観客の心の深いところに降りていきます。能で観客が寝るのはだいたい、この一番大事なところですね。

最後に「急」。ここで目が覚めることをする（――私の講演もだいたいこんな流れです）。

能の場合でいえば、「序」「破」「急」、それぞれの中にさらに「序破急」があるというつくりになっています。たとえば、ひとつの曲の中で、「序破急」の大きな「序」はワキの登場（①）、「破」はシテが登場して話をして去るところまで（②）、そして「急」は再びシテが姿を変えて登場するところ（③）です。ワキが「序」で場をつくり、そこにシテが入っていき、その「破」のメインパートで物語のメインがあり、「急」は最後にそれを盛り上げておしまいにします。

それぞれ、たとえば②の「破」の部分を細かく割ると、シテの登場がまず②の１「破の序」、ワキと話をするのが②の２「破の破」、そして、本性を明かして去るのが②の３

「破の急」となっているのです。

民族音楽学者の小泉文夫（1927〜1983）は、これはおそらくインドや朝鮮から入ってきたものだろうが、単なるテンポの概念だった序破急をもっと深く表現の様式や内容にまで掘り下げたのは世阿弥であるとしています。それによって序破急は多様な解釈や応用を見るようになり、雅楽や能といった音楽・演劇の世界にとどまらず華道や茶道、書道、あるいは武術、さらには文学にまで応用されるようになりました。そして小泉は、この概念の日本に入ってきてからの独特な発達をいくつもあげています。

たとえば、そのひとつに「序破急がすべて有機的なつながりを持ち、互いが互いを含む」というものがあります。「序」の中にすでに「破」の要素が入っており、「急」の中には次の「序」への予感を含んでいることがある。これは「武道の手合わせのはじめの所作がすべて本質的な部分にすでに入っているというリズム感である」と氏はいいます（『音楽の根源にあるもの』より）。

『水戸黄門』や『暴れん坊将軍』といった、定型のある長寿時代劇では、だいたいおしまいに向けて「急」が存在します。「印籠を出す」「吉宗だと名乗る」といったお決まりのシーンが、8時からの番組なら8時45分あたり、かなり終盤になってから始まるのです。この「急」は4、5分で終わるのが普通です。

『水戸黄門』に関していうと、こういう流れです。全体のストーリーは、「いい人は殺されそうになっても生き残って最後に悪い奴が倒される」というものです。この中で、「序」は「現状把握と善人の窮状」、「破」は「善人がだまされる／襲われる」、「急」が「印籠を出す」。これが完成形の「序破急」なので、それを乱されると物語の魅力はなくなります。たまに定型を崩した構成のものがありますが、概してつまらない。やはり、この構成と印籠がなくてはダメです。

実は、水戸黄門であの「印籠を出したら悪者がはは一っ」というおなじみの展開になるのは、番組開始後かなり経ってから。最初の頃は印籠すら見せておらず、助さん格さんが敵をたたき斬っていたのです。印籠を出すようになってからも、最初の頃は「なんだそんなもの」と敵がおそれないので、やはり斬り殺していた。そもそも、本物かどうかもわからない印籠くらいで「はは一っ」とひれ伏すのも変な話ですが、しかし締めくくりの「急」ができて序破急が安定したことで、人気が出たのです。結局、43シリーズも続く長寿番組となりました。

アメリカの神話学者ジョーゼフ・キャンベルは『神話の力』で、神話の「序破急」構造を分析しています。ジョージ・ルーカスがキャンベルに影響を受けて『スター・ウォーズ』シリーズをつくったことはよく知られていますが、それを知って同作を見ると、確かに序破急の構造になっていることがわかります。

能とキャンベルの見た神話との違いは、後者は必ず「帰還」の場面があることでしょう。召命《しょうめい》を受けた主人公が、一度共同体から出て敵と戦い、そして帰還することによって、共同体を救う。現実的に変わることを大事にする、これは英雄の類型です。

でも能の場合は、事態に変化はありません。自分の過去を語り、ときには恨み言を言った幽霊は本性を明かして去るだけで、現実的に何かを変えるわけではない。でも、旅人（ワキ）に話を聞いたもらった幽霊（シテ）は救われ、ワキ方が演じた、幽霊と出会い、その声を聞いた現世の人の内面も確実に変わっています。そして、それが結果的に共同体を救うことになるのです。

ともあれ、世阿弥の提唱した「序破急」は、世界の神話の構造にも通底する構造であったからこそ、能は人間の情念や、普遍的な人生の喜怒哀楽、とくに哀しみや怒りを表現してくれるのです。これもまた能が普遍性を持つ理由です。

能楽堂は仕掛けに満ちている

初めての方が能舞台を見ていちばん驚くのは「屋内なのに、なぜ屋根があるの？」ということでしょう。前述したように、それは明治になって屋内に入ったからです（58頁）。以下、次頁のイラストで確認しながらどうぞ（『まんがで楽しむ能・狂言』より）。

いまは明るすぎると批判もあるくらいに明るい能楽堂ですが、明治の頃は屋外での明かりが蠟燭《ろうそく》か脂蠟《しろう》だったので、屋内で電気をつけるべきかどうかが大論争になったそうです。谷崎潤一郎も『陰翳礼讃《いんえいらいさん》』の中で、能はほの暗いところで演じるのがいいというようなことを書いています。

能の起源のひとつの説が神事だと書きましたが、特に興福寺の「薪御能」は伝統があります。しかし、明治初期にしばらく上演できず、興福寺で久しぶりにやった時に、木の上に電球がひとつあったらしいのです。蠟燭と電球では陰影もまったく違ってきます。それを見て能楽研究者の野上豊一郎（1883〜1950）は、木に登ってその電球を取り除いたそうです。野上は、英文学者でもあり、後に法政大学総長もつとめ、現在ある「野上記念法政大学能楽研究所」は彼にちなんだ施設です。それまでのかがり火や蠟燭だけの演能に慣れている野上からすると堪えられなかったのでしょう。城内や寺で行わ

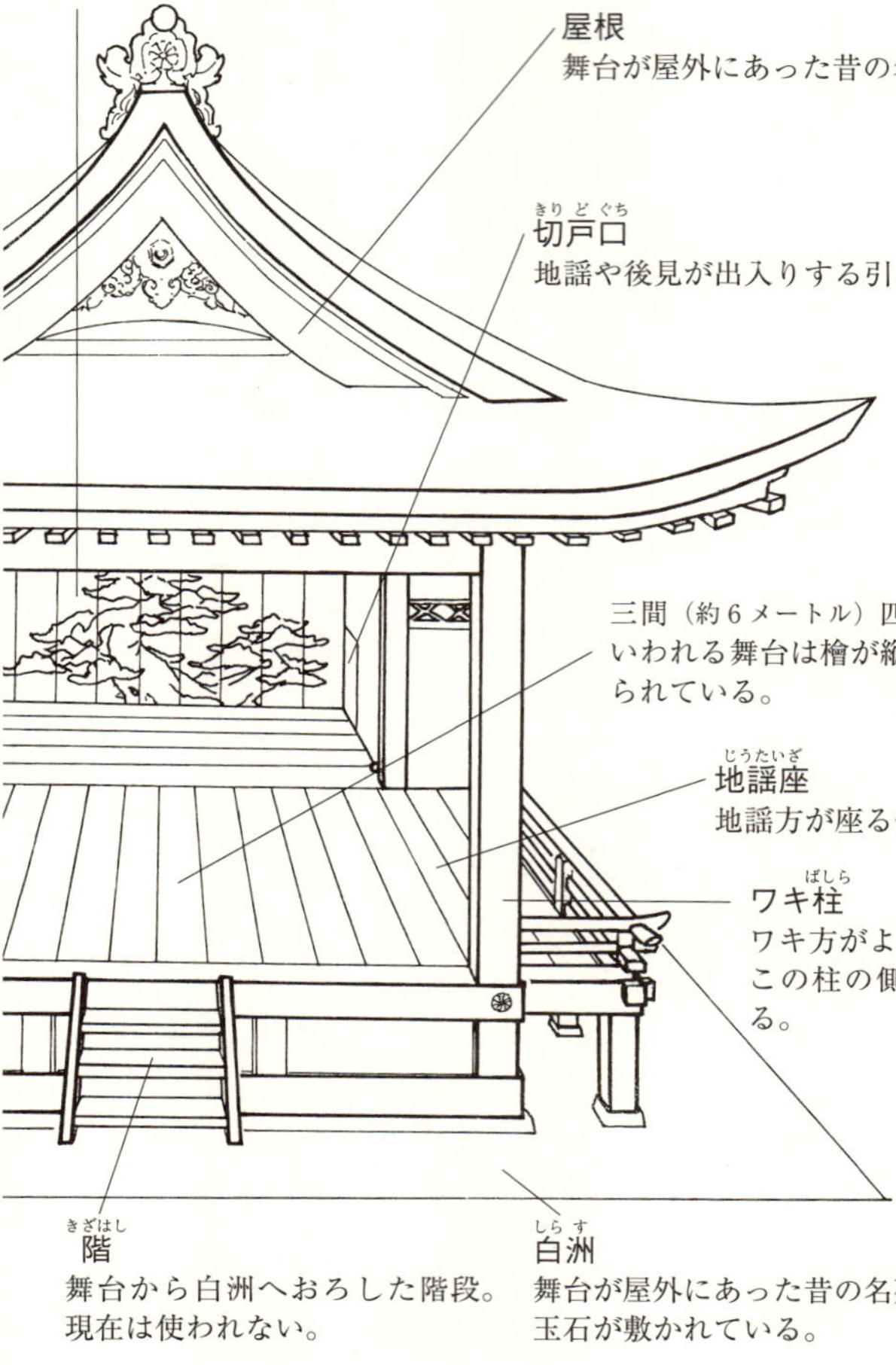
鏡板《かがみいた》
老松が大きく描かれている。
屋根
舞台が屋外にあった昔の名残。
切戸口《きりどぐち》
地謡や後見が出入りする引き戸。
三間（約6メートル）四方といわれる舞台は檜が縦に張られている。
地謡座《じうたいざ》
地謡方が座る位置。
ワキ柱《ばしら》
ワキ方がよくこの柱の側に座る。
階《きざはし》
舞台から白洲へおろした階段。現在は使われない。
白洲《しらす》
舞台が屋外にあった昔の名残で、玉石が敷かれている。

シテ柱《ばしら》
シテが舞台に入った際、この近くで
正面を向いて動作をすることが多い。

揚幕《あげまく》
役者が出入りし、主に五色からなる。

橋掛《はしがか》り
舞台への通路であるとともに、
重要な演技空間ともなる。

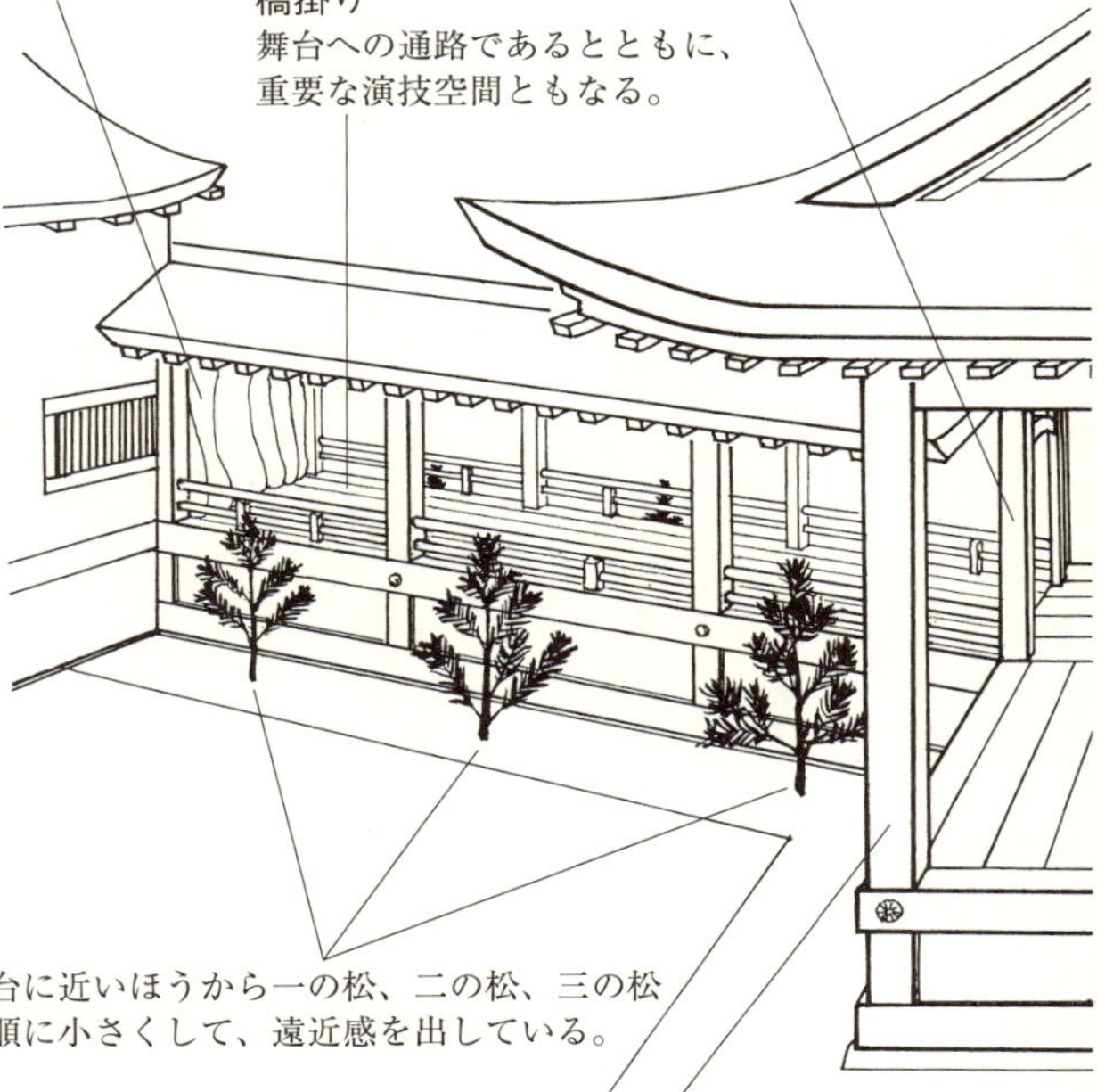

舞台に近いほうから一の松、二の松、三の松
と順に小さくして、遠近感を出している。

目《め》付《つけ》柱《ばしら》
能面をつけ視野が狭められた
役者が目安にする。

れる座敷能も一部ありましたが、基本は屋外、蠟燭で行われていました。

ほかにも、屋外にあった名残はあります。舞台の周りが「白洲《しらす》」として、玉石が敷き詰められているのもそうです。正面から見ると「階《きざはし》」と呼ばれる3段くらいの階段が掛けられていますが、これも上演開始を寺社奉行が伝えるために上がる際に使った名残だと言われています。あるいは将軍や大名からの下賜品をいただくためにも使われていました。

歴史とともに変化した部分もあります。演者が入退場する通路でもある橋掛りは、拡張された舞台とも言え、能独特の様式です。これは、世阿弥の時代には舞台正面から見て奥にまっすぐについていました。いまのように角度がついて斜めになったのがいつか、正確な記録はありませんが、能舞台が常設になったときからのようです。その角度も緩やかになったり、また急になったりと変化がありました。現存の舞台では、東京、千駄ヶ谷の国立能楽堂は他と比較して角度が大きいため、囃子方からはシテやワキの登場が見づらいと聞いたことがあります。

橋掛りの長さも変わったようで、概して今の方が短くなっています。江戸時代に行われた勧進能（社寺建立などを目的として寄付をつのる能のこと）では観客をたくさん入れるために橋掛りを長くしたようです。ですから、昔の型附《かたづけ》（能の型を書いている書物）を見ると、「ふだんはここで幕を揚げるが、勧進能のときにはもう少し早く揚げる」などと書いてあります。今と違い、自由自在に舞台を設定していたのです。

ちなみに、見えない部分ですが、舞台の下には甕《かめ》が埋められています。これは、足拍子や謡の発声の振動に共鳴して音を大きく響かせる効果をもたらします。国立能楽堂のような新しくできた舞台では、甕ではなく、共鳴のためのさまざまな仕掛けを施しているところもあります。

演者のための工夫もあります。たとえば、舞台の各部によって板の張られている向きが違います。これは能面をつけて極度に視野が狭くなっているシテでも、足裏の感覚で位置を判断することを可能にします。同様に、目付柱も位置の目安にできます。

一見シンプルな舞台には、さまざまな工夫がこらされていることがおわかりになるでしょう。

初めての方にはよく「舞台の背景になぜ松が描かれているのですか？」という質問も受けます。「鏡板《かがみいた》」と呼ばれる背景には老松を描くのが決まりです。これは昔、春日大社の影向《ようごう》の松の前で演じられた名残、とも言われていますが、「鏡」というところから本来は客席の後ろにある松が映っているのだという説もあります。そうなると松と松の間に、舞台はあるということになります。松は神霊を「待つ」聖木ともいわれますし、意匠としてまずめでたい上に季節を問わない常緑のめでたさもあったからではないでしょうか。

第五章　世阿弥はこんなにすごかった

「差し出された」美少年

ここまでにも世阿弥の凄さ、業績はご説明してきましたが、それだけでは足りないので、本章ではさらにその偉業をお話しします。

世阿弥が完成させた「夢幻能」の構造は第一章で説明した通りで（24頁）、能は「念が残る」「思いが残っている」といった「残念」を昇華させる物語構造になっています。観阿弥が新しく始めたこのアプローチを、世阿弥が夢幻能として完成させました。この世をなにかしらの「残念」状態で去った人の声を聞き、言えなかったことやできなかったことをしてもらい、またあの世に送り返す。死者の無念の声を聞き届けることが生者の役目なのです。日本には昔から死者を尊ぶ習慣がありましたが、世阿弥は夢幻能によって特に敗者の無念を見せる舞台構造を作ることに成功しました。

しかし、その萌芽はもっと以前からあったようで、先ほど紹介した能の『葵上《あおいのうえ》』は、実は『源氏物語』で書かれた場面にかなり近い形で、演じられています。つまり、夢幻能的な構造は『源氏物語』の時点ですでにあり、もともと、日本人には親和性があったようです。その親和性を土台にして、能は演じられ、見られてきたわけです。

世阿弥は、まだ名もない（一説では鬼夜叉と呼ばれた）美少年時代に、当代将軍の足利義満に寵愛され、出会って3年後の祇園祭ですでに、将軍のそばに仕えていたと言います。側近は「乞食の猿楽師の子どもをかわいがる将軍はおかしい」と日記に書いており、世阿弥は幼少時代からそんなふうに周りから悪しざまに言われていた。

後ろ指を指されながらも、社会での芸能の位置づけを変えることは世阿弥の悲願でもあったでしょう。そして、それを見事にやり通しました。将軍に仕え、貴族の二条良基に和歌や有職故実（行事や法令、制度、礼法など）も含めて当時の教養をすべて習います。これはおそらく父、観阿弥による計画的な教育で、観阿弥は世阿弥を進んで義満に「差し出した」のかもしれません。

それ以前の、「鬼の能」と呼ばれる激しい能が中心だった観世座の能を、いまの能につながる優美なものにしたのも観阿弥、世阿弥ですし、能の構造そのものを変えたのも、このふたりでした。

世阿弥は藤若と呼ばれていた時代から、すでに和歌や連歌、蹴鞠《けまり》などが堪能だったようです。また、漢詩の素養もあり、『論語』や『易経』もその芸能論で引用しています（とはいえ多少の誤りもありますが）。和歌の才能だけではなく、漢籍についても知識があったというのは、能が貴族や将軍などの文化人から賞翫《しょうがん》される側面で非常に重要なことだったと思います。

日本の中世は芸能が力をもった時代です。日本史上で文化的にも一番成熟していた時代かもしれません。西洋でいえば、古代のギリシャ劇を除けば、演劇が社会的な地位を得るのはシェイクスピア（１５６４～１６１６）以降です。オックスフォードやケンブリッジ大卒が俳優になって当たり前のイギリスでは俳優が爵位をもらうこともあり、社会が演劇を認めていますが、これは近年の話です。世阿弥（１３６３～１４４３？）の方がシェイクスピアより２００年くらい早くに、舞台に立つ芸能者の立場を逆転させたのです。

なにしろ演劇としても、シェイクスピア劇と並べて遜色ありません。能は構造や核がしっかり構築されており、普遍的な人間のテーマを含んでいます。日本の現代の小説家の話をするよりも、能の話をする方が世界中の人と深く語り合える、そんな本質性を能は持っています。この間も駐日ベルギー大使と話を始めたら、陰陽の話など、思想や文化を考える本質の話になっていきました。また、友人が中国に行った時に、宴席で芸を求められて、なにもできることがないと謡を謡ったそうなのですが、なんと拍手喝采だったとか。着物を着ていればローマ法王にも会えると友人が冗談まじりに言っていましたが、西洋の儀礼コードに従わない方が、実は対等でいられます。オペラのアリアを歌うよりも、能の謡の方が国際的な社交術として通用するのです。

世阿弥の優雅な復讐

山幸彦と海幸彦の話で、「恭順を示す行為としての芸能」について触れましたが（32頁）、「見られ、笑われる」受動的な芸能を、観阿弥・世阿弥は能動的なものへと逆転させました。

この「逆転」を私が実感したのは、ひきこもりの人達とプレゼンテーションのワークショップをしたときです。彼らは人前で話すのはもちろんのこと、人前に立つだけでも緊張してしまいます。人に「見られる」のがとても苦手なのです。中には、外を歩くと人に見られている気がする、といって、一歩も外に出ることができない人もいました。

プレゼンは当然、人前でしなければならない。むろん「見られ」ます。見られたときに、人は客体になってしまいます。実存心理学者のロロ・メイは、人は主体的な存在なので、客体になると「恥」を感じると言いました。では、この「見られる」という受け身を主体に変えるにはどうしたらいいか。舞台でも同じことです。

答えはシンプルでした。

自ら「見せる」というスタンスに立ってしまえば、主体に変われるのです。むろん、引きこもりの人たちにそのスタンスに立ってもらうには、いろいろな手順が必要です。しかし、演者が「見せる」というスタンスに立った途端に、観客は「見せられている人」となり、今度は受け身になる。この「見られる」存在から「見せる」存在への変換――世阿弥はこれをさまざまな手法を講じて成していきます。身分制社会の中で、優美にこれを成し遂げた。これを私はフィッツジェラルドの言葉を借りて「優雅な復讐」と呼んでいます。

恭順を示す屈辱の芸能として始まった能は、「いかにかっこよく負けるか」ということに専心し、工夫しました。たとえば『土蜘蛛《つちぐも》』で最後には首をはねられる土蜘蛛の精が蜘蛛の糸を四方八方に繰り出すシーンに観客は拍手喝采をします。敗者なのに、やけにかっこいいのです。

敗者の社会的地位は低い。しかし、海幸彦のようにそれを嘆きつつも、この道でしか生きられないわざおぎの玄人は、主体・客体の変換によって舞台上の立場を逆転し、さらには社会的地位までをも逆転してしまうことを能は教えてくれます。

実は能と狂言の関係にも同じことが言えます。この本では紙幅の都合で狂言についてはあまり触れていませんが、狂言は能とともに誕生した芸能で、能とは兄弟のような関係にあります。「能楽」という言葉は、能と狂言を合わせていう言葉で、狂言役者も、能楽協会に所属する能楽師です。

歌舞劇の能に対して、狂言はセリフ劇で、またその内容も滑稽なものが中心になり、コメディアンから始まった猿楽の「わざおぎ」の系統を汲むものです。武士が愛好した能の武将の多くは、修羅道に堕ちるということを書きましたが、武士に愛好された狂言には、庶民が大名をコケにするものが多いのです。狂言役者は、観客である武士を転がしてウケて「してやったり」と舌を出し、見る方も「そうだったのか、やられた。上手いなあ」という「してやられる感覚」を楽しむ。明治以降の軍人や為政者は、コケにされたら本気で怒る人も多かったようですが、中世・近世の武士のなんと心の広かったことかと感心します。つまり、著名人を扱う能に対して、狂言は庶民を主人公にすることで、主従の社会的地位を転じさせるのです。

その延長で、真面目な能を狂言がパロディーにすることもあり、深刻な話の裏にはこんなお笑いがあるのだよ、と物語のもうひとつの可能性を見せます。

たとえば能の『葵上』と狂言の『梟山伏《ふくろやまぶし》』などはその関係です。両方とも山伏が登場し、衣装も同じ、謡う謡もそっくりです。『葵上』では『源氏物語』の六条御息所が、正妻の葵上を生霊となって襲うのですが、横川《よかわ》の小聖《こひじり》という山伏の力によって煩悩の苦しみから脱し、菩薩のような優しい心に目覚めます。

が、一方の『梟山伏』では、梟に取り憑かれた兄弟のうちの弟を、兄が祈禱師の山伏に頼んで治そうとするのですが、結局どちらも梟のような奇声を発して、最後には祈禱師も梟に取り憑かれる……と、『葵上』に後足で砂をかけるような内容なのです。このようにせっかくの能を台無しにしかねないので、いまでは『葵上』と『梟山伏』を一緒に上演することはあまりありませんが、もともとはそういう表裏一体の構造で作られているので、あらためて今、やってみるのも一興かもしれませんね。

観客の海にせり出した舞台

「見せる」存在となるために、世阿弥（本人のみならず、観阿弥や当時の能作者たちを含むこともありますが、総称として「世阿弥」とします）はまず、舞台装置を創り出しました。それまでは「芝居」という名前の通り、演じる役者は芝の上、見る人は上にいる、そういう構造だったと思われます。それが、下で「見られる」存在から舞台の上にのぼることによって、役者は「見せる」という主体的な存在に変わり、観客が「見せられる」という客体的な存在に変わります。

それまでの簡易な舞台は、今でいうアフォーダンス（形や色、質など物体の持つ属性が、物体自身の扱い方を周囲に伝えること）を利用し、構造化されました。舞台を観客席よりも高くして、舞台上の役者を主体的にするだけでなく、額縁型の舞台よりもきわめて開放的でありながら、四本の柱によって周りを囲まれているという能舞台の構造は、そこが神域の象徴、神籬《ひもろぎ》（神事で神様を招き降ろすために清浄な場に榊などを立てて神座とした）であることを暗示し、そこに立つ役者を人々に祝福を与える神の化身として見せます。

まったく初めての人でもそこに身を置くと「見せる」立場になってしまう優越構造を、舞台という形に落とし込んだのです。

見る方からすると、能楽堂に行った瞬間に「押される」ような、圧倒される感覚がありませんか。能楽堂はそのように「仕組まれて」いるのです。ほかにも、たとえば橋掛りもそうです。実はそれほど長くないのですが、途中に3本の大小大きさの違う松を小さい順に立てかけることで、遠近法を利用して視覚的に距離を出します。

この能舞台について、面白い説明をしているのが、フランスのポール・クローデル（1868〜1955。フランスの劇作家、詩人、外交官）です。外交官として日本に滞在した1921年から1927年にかけて、能や歌舞伎を含め、大いに日本文化に触れたようです。彼は能舞台を「夢の離れ屋」であり、「観客という海にせり出した」存在だという表現をしています。また彼は、能はすべて観客の「中で」進行する、とも書いています。

これは、観客が想像力で補って見るべきだ、という意味だけでなく、受け止める自分の内部で起こる変化を認識し、変化の熟成を望む人にとってこそ能は存在するという意味もあるのではないでしょうか。一枚の絵画を見たときに、それを見て自分の内部に起こる変化を感じ取れる人にこそ、能は興味の対象となり、そしてそういう人によってこそ能は熟成されます。目は舞台を追いつつも、心はそれに伴う自らの来し方や内側を見つめる、それが能であり、そしてそういうことを可能たらしめるのが能舞台の構造なのです。

クローデルの話が出たついでに、能に魅せられた外国人の視点について触れておきましょう。

文学者のドナルド・キーン氏は『能・文楽・歌舞伎』の中で、能の詞章がすぐれた詩であることに言及しています。それは和歌の修辞法である掛詞や縁語を駆使し、「舞台芸術に求められる限度をはるかに越えた極めて複雑な表現」で書かれ、その複雑さを理解するのは観客の中のひと握りだろうと書きます。どう読まれても、いや読まれなくても構わない。すべては読者にゆだねられている。そっとそこにあるだけの静かな芸能なのです。

クローデルの影響もあったのか、特にフランスでは第二次世界大戦の前から能のブームがあり、以来能が受容され、能の構造が認知されていきます。たとえば、クローデルは能の構造をモチーフにしたオラトリオ『火刑台上のジャンヌ・ダルク』（1935年）

を創作しました。火刑を翌日に控えたジャンヌ（シテ）の幻視と火刑による昇天、そしてそれを引き出すために天国から派遣された修道士ドミニク（ワキ）、まさに夢幻能です。世界遺産登録など世界で認められる素地は、1930年代くらいからあったようです。ちなみに、クローデルの『火刑台上のジャンヌ・ダルク』を喜多流の能楽師・狩野琇鵬《しゅうほう》師は新作能『ジャンヌ・ダルク』としてフランスで上演されました。

フランス人以外でもブルーノ・タウトが日本で能を鑑賞したり、世界中の著名な文化人が数多く見るようになりました。また、『青少年のための管弦楽入門』で有名なイギリスの作曲家、ベンジャミン・ブリテンは、人買いに誘拐された我が子を追って旅する母をシテとする『隅田川』をもとにした教会上演用オペラ『カーリュー・リバー』を創作していますし、アイルランドの詩人ウィリアム・バトラー・イェイツは、アイルランド神話の英雄クー・フーリンを主人公にする戯曲『鷹の井戸（泉）』を能の影響を受けて書きました。これは新作能『鷹姫』や『鷹井《たかのい》』として日本でもたびたび翻案、上演されていて、特に梅若玄祥師がケルトのコーラスグループと上演されたケルティック能『鷹姫』は、いわゆるコラボレーションを超えた作品として内外から高い評価を受けました。

ちなみに、英雄クー・フーリンは山岸凉子の漫画『妖精王』でも重要な役を果たしているので、そちらでご存知の方もいらっしゃると思います。

この『鷹井』については、アメリカ、オハイオ州生まれのリチャード・エマートさんも作曲をされ、自ら舞台で上演されています。武蔵野大学で文学部教授として能を研究される傍ら、「シアター能楽」という演劇集団をつくり、外国人による能や英語での「英語能」を上演されています。英語に変換することで核が読み取りやすくなることもあるでしょう。一度ご覧になると、能の新たな可能性を感じることができるかもしれません。

能舞台が生み出す新たな発想

こうしてみると能舞台は、ただ単に能を上演する舞台としてだけではなく、さまざまな人に無限の発想を与えてくれる装置でもあります。

たとえば、長年、不登校や子供のいじめ問題に取り組んでいらした心理学者の真仁田《まにた》昭《あきら》先生は、大学院の臨床心理の授業で『花伝書』を読むなど能にも造詣の深い方で、私も何度かその謦咳《けいがい》に接する機会に恵まれました。

ある日、真仁田先生が「安田さん。僕はね、橋掛りは産道だと思うのですよ」とおっしゃいました。

「幕の向こうがお母さんのお腹の中で、赤ちゃんは橋掛りの狭い産道を通ってこの世界にやってくる。そして舞台に出たとたんに、世界が豁然《かつぜん》と開けるのです。ぱーっとね」

能舞台とは何かが生まれ出る空間であり、しかしその誕生には橋掛りに象徴される時間と苦しみがつきまとう、そう真仁田先生はおっしゃったのです。

三木成夫《しげお》（1925～1987。解剖学者、発生学者）も、著書『胎児の世界』の中で、出産の場面を能に喩えています。三木成夫は「妊婦の肚《はら》の底から湧き上がる音声、そしてそれに和する産婆の声……。それは、能舞台のシテのこころを底で支える地謡の和声の世界だ」と書いています。真仁田先生が誕生するシテ（赤ちゃん）の視点なのに対して、三木成夫はそれを招くワキや地謡（舞台の右方で、場面や心情を謡で伝えるコーラス隊）の視点です。

話は飛びますが、能の曲が終わって囃子方の音もおさまり、演者が橋掛りを歩いて揚《あげ》幕《まく》の中に入るまでの静かな間《ま》は不思議だとよくいわれます。拍手をするのも憚《はばか》られ、ぱらぱらと拍手が起きることはあるものの、しないお客さんは「ふう」と息をついていたり。

拍手についてもよく聞かれるのですが、演者からすると拍手はしてもしなくてもどちらでも大丈夫です。周りに適宜合わせればよいのではないでしょうか。ただ、西洋人は拍手をしないのを気持ち悪く感じるようです。もともとが神事芸能的性格をもつ能は評価を求める芸能ではないので、拍手での評価には適しません。カーテンコールだってありません。

そもそも能には演劇のようなカーテンとしての幕はありません。橋掛りの先にある揚幕は、「鏡の間」と呼ばれる神聖な楽屋に出入りするためのもの、主に後見と呼ばれる人たちが竹の棹で開閉しています。

必ず継いでいくという意志

世阿弥の功績に話を戻しましょう。世阿弥は、後世に能をつなぐために、「必ず継《つ》ぐ」という意志を、個人の責任に帰すのではなく、システムとして能の中に取り入れることにしました。名人でなくても、誰しもがある程度のレベルを維持でき、次世代に能をつないでいける。それを「伝統」としたのです。

家で継いで行く家元制度も、その大きな手段のひとつです。

観阿弥は自分の子である世阿弥に観世座を継がせました。世阿弥も実子がいないときには養子を取り、実子が生まれてからは我が子、元雅に譲ろうとしました。ところが観阿弥以前には、芸能の世界ではこのような家による継承形態はほとんどないそうです。となると家元制度は観阿弥が創始した、その後で世阿弥が子に継がせたことで確立した、といってもいいでしょう。その流れを汲むのが、今の観世流です。

西洋的な能力主義を信奉する人からは、家元制度は批判の対象にもなっています。しかし、世阿弥が残した「絶対に能をつないでいく」ということを至上命題にした場合、子どもが家を継承する家元制度ほど確固たるものはありません。実力のある人が棟梁《とうりょう》になるという能力主義は、ともすれば跡目争いが起こり、それによって組織が疲弊してしまうことがよくあります。また、たとえば大きな戦争が起こり、ふさわしい人がいなくなった場合には組織自体が消滅しかねません。

どんな戦乱があっても、社会が変わっても、能を継いでいく。この決意のもとでは家元制度が最適な制度であり、だからこそ今まで続いてきたともいえます。

しかも、能の宗家継承は実子相続にはこだわらず、養子を迎える場合もよくあります。

世阿弥は「家、家にあらず。次ぐをもて家とす」と言っています。実子とか、血縁とか、そういうこと以前に、まずは「継ぐ」ことを最優先する。それを大切にしたからこそ現在の能があるのです。

これが万能だとは言いませんが、今の企業経営にもヒントになることではないでしょうか。

陰陽の和するところ

長く続くよう、舞台が興行として成功するように、世阿弥は他にも様々な工夫をこらしています。たとえば「陰陽の和《くわ》するところの境を成就とは知るべし」と言う。「昼や晴れた日は観客の気分が盛り上がりすぎている（陽）ので、ちょっと抑えめ（陰）に演じなさい。曇っている日や雨の日は反対で、観客の気持ちが萎《な》えている（陰）ので、皆の気持ちを引き立てるよう派手め（陽）に演じなさい」といった意味です。つまり、客の状態を見て演じ方を変えなさい、ということ。言うは易しですが、これはなかなか難しいことです。

落語で、観客が誰も笑わなかったらどうなるか、という実験がＮＨＫの番組でありました。やりにくいせいか「間」が短くなり、噺はつまらなくなります。観客の気持ちが萎えているときに引き立てるよう演じるのは難しいものです。「陰」の客の前で「陽」で演じ続けることは大変なのです。

しかし、能では、さすがと唸る工夫があります。実はそれを、楽器の構造で調整された音の力で解決しているのです。

能の音楽を担当するのは「囃子方」で、「笛［能管《のうかん》］」、「小鼓《こつづみ》」、「大鼓《おおつづみ》」（「おおかわ」と呼ぶことも）、「太鼓」の4つで「四拍子」と呼ばれています。伴奏ではなく、役者の声や地謡と対等に音を構築していくのが特徴です。

鼓には「大鼓」と「小鼓」がありますが、実はこの2種類の鼓が同時に最適な状態となる天気や湿度というものがありません。「大鼓」は演奏前に火鉢でカンカンに乾燥させるほど湿気を嫌いますが、一方の「小鼓」は舞台上でも調子紙《ちょうしがみ》という和紙に唾をつけて湿らすほど湿気が必要です。「大鼓」は晴れて乾燥した日によく鳴り、「小鼓」は湿度の高い日によく鳴る、ということです。

晴れた日によく鳴る「大鼓」は、奇数拍を打つのが基本です。奇数拍というのは、たとえば「ヤーレン、ソーラン、ソーラン、ソーラン」という風に傍点の部分に手拍子を打つ、いわゆる頭打ちです。宴会拍子ともいいます。このように奇数拍がよく聞こえると、自ずと囃子の進行はゆっくりになります。

これに対して雨天や曇天、あるいは夜のような湿度の高い時に鳴るのは「小鼓」の偶数拍、裏打ちです。ジャズやロックなどのリズム、この裏打ちのリズムがよく聞こえると、全体のスピードは速くなります。晴れていると曲が抑えられ、曇っていると速く華やかになる。世阿弥のいう「陰陽の和するところ」が、自然に実現されて、場の空気が鼓で調整されるようになっている。演奏者や役者だけに依存せず、楽器の構造自体に、仕組まれているのです。

このシステムは、おそらくは徐々にできていったもので、作り上げたのが誰かを特定することはできません。しかし、概念としてまとまったのは世阿弥の「陰陽の和するところの境」という言葉からのようです。そのアイディアを誰でもが実現できるようにするためにこのような楽器の分担が考えられたのかもしれません。

世阿弥のような天才だけではなく、普通の人でも継いでいけるシステムをつくっておけば、長く続くはずです。楽器の構造自体に、矛盾する複数の原理を拮抗させて、能の音に関しては継続を可能にしました。いわゆる「べき論」で終わってしまうことが普通は多いと思いますが、世阿弥や、世阿弥を継いだ能の先人たちは楽器の構造から具体的な対処法を講じているのです。意図してのことで、相当に周到です。人ではなく物質に布石を打つ。う～ん、世阿弥、おそるべし。

愛されてナンボ

本書の最初に述べたように、650年以上続いている能は、世界に冠たる「老舗」です。その根底にあり、流儀は違っても能楽師が大切に思っている思想が、世阿弥が説いた「衆人愛敬《しゅにんあいぎょう》」です。この思想を根付かせたのも、世阿弥の功績です。

能に通じた人に面白いのは当然として、知らない人にも面白い芸が大事だ、と言うのです。「わかる人にわかればいい」というのではなく、どんな人にも愛される芸、それを目指し、様々な芸風を打ち出し「多角化」していきます。

これを世阿弥は、別のところでは「目利き」と「目利かず」という言葉を使いながら説明しています。芸はうまければよいというものではない。うまい役者は目利きの目には適いますが、目利かずにはその芸のよさがわからないから、その目に適わない。しかし、それ以上にうまい役者ならば、目利かずの目にも「面白い」と思うような演じ方ができるはずだというのです。

むろん、これはそう簡単にできるはずもありません。世阿弥も難しさを心得てはいて、「まずはこの理屈を心の底に入れておき、あとは少しずつでも各人が努力をし、そして自分相応の工夫をせよ」と言っています。

世阿弥の時代には、客の顔ぶれを見て、演じる直前に演目を変えることもあったそうです。それこそ現代の寄席のようです。今の能は、演目と演者が事前に決まっているので、簡単に演目を変えられませんが、しかし可能な範囲でやってみると面白いのではないかと、考えることもあります。その場で、相手をみてやる「衆人愛敬」は、演者の成長にとっても大事です。

前後左右を同時に見る「離見の見」

「離見の見」という言葉を聞いたことがあるでしょうか。ここで世阿弥のいう「見」は、ただ「見る」という意味ではなく、対象をとらえる心の働きをいいます。すなわち「離見の見」というのは、ふだんの私たちの「見る」を離れた、精神的な「見る」であり、世阿弥はそれを「見得《けんとく》（悟り）」とも呼んでいます。

世阿弥はまた、「見所同心の見《けんしょどうしん》」とも言い換えていて、客席である「見所」にいる観客が自分を見ている目と、自分が自分を見ている目を一致させることの大切さを述べています。それだけではまだ足りず、心を後ろに置き、普通ならば見えない自分の背後をも見よ、というのです。

前後・左右を同時に見るなんて、「そんなこと不可能じゃないか」と言う人もいるでしょう。まるで禅の公案です。ですが、能の特徴はここにもあります。世阿弥の芸能論には禅や浄土思想などの仏教思想を多く見ることができます。観阿弥・世阿弥などの「阿弥」という名は阿弥号と呼ばれ、もともとは浄土（極楽）にいらっしゃる仏様、阿弥陀仏を信じる人がもらう時宗（13世紀に一遍上人が開いた浄土教の一派。念仏踊りなどで民衆に浸透した）の法名です。能は、観客を楽しませるための芸能であるだけでなく、役者自身を高める芸能でもあるのです。古人や師匠からいわれた不可能に思えることを実現しようと努力することによって、世阿弥が「見得」と呼ぶ悟りの境地に一歩でも近づこうとする、それも能の醍醐味のひとつです。

世阿弥が生きた中世は戦乱や飢餓により、死が常に身近にありました。近世（江戸時代）になり、長い平和な時代が続いたとはいえ、いつ切腹を命じられるかもしれない武士にとっては、やはり死は身近でした。現代は死からは遠ざかっているとはいえ、しかしさまざまな不安や葛藤は私たちを悩ませています。能は、その稽古を通じて、仏教の悟りにも近づく芸能です。そして、それは玄人の能楽師だけでなく、能の謡や仕舞《しまい》、あるいはお囃子を学ぶ素人の方にも開かれている。だからこそ、昔から文人・武人をはじめ多くの人に愛されてきたのです。

ここでちょっと余談ですが、古典芸能の「玄人と素人」は「プロとアマチュア」とイコールではありません。後者は現在では、それで生計を立てているか、お金を得ているかといった区別になるのでしょうが、前者はそのような意味合いはないのです。「玄」と「素」の両方に「糸」が入っているように、もともとは「玄」はさまざまな色を重ねて作る黒い糸、「素」は雑色を漂白して作る白い糸を意味する言葉でした。そのように玄人とはさまざまな演目を稽古し、身につける人であり、対して素人とは謡や舞の稽古を通して、自分の中のさまざまな雑物を排除して純粋無垢な芸を目指す人をいいます。そういう意味では素人の方が悟りに近いとさえ言えるかもしれません。

さて、この「離見の見」の重要さを身体論的な視点からも眺めてみます。

能の稽古には、基本的には鏡を使いません。目を使って自分の姿を視覚的に確認しない。これは大切なことで、この稽古方法は体の中にある「プロプリオセプター（固有受容器あるいは固有感覚受容器と訳される）」という身体の一部を活性化します。

プロプリオセプターとは、目を閉じていても今自分の手がどこの位置にあるかを教えてくれる、筋肉や関節にあるセンサー、神経のことです。鏡を使わず、自分の身体がどのようにあるかを知る稽古によって、このセンサーは活性化されます。

元陸上選手の為末大さんとお話した際に、最近、このプロプリオセプターがうまく機能していない人が増えていると聞きました。

プロプリオセプターには直立の姿勢を保つ働きもあります。貧血などではなく、立っていて突然に倒れてしまうような子供たちが増えていて、その原因のひとつがプロプリオセプターが機能していないからだといいます。また、老人が転びやすくなるのも、このプロプリオセプターが弱くなっていて、足を上げているつもりが上がっていないからだという話でした。

年をとって衰えるのはまだしも、子供の頃にこの感覚が弱まっているとしたら残念です。使うことによって初めてそれが機能するからです。子供の頃に、歩いたり走り廻ったりして使っていないと、センサーの発達を止めてしまう可能性もあります。また、電車の中で自分が立ち、子どもを座らせる大人がいますが、それもせっかくセンサーを活性化させる機会を奪ってしまっていることになります。

体は使ってなんぼ、歩くだけでもいいですし、手を動かすだけでもいいのです。とはいっても、狭い世界ながらも身の周りの元気な人たちを見ていると、やはり能の仕舞をしたり、摺り足をしたりするのが一番です。

世阿弥の名言録をめぐる

ここまでに紹介した以外にも、世阿弥は様々な名言を残しています。名言といっても、単なる「かっこいい台詞」というようなものではなく、何らかの新しい概念を示す言葉という色合いが強いのが、そのすごさでしょう。そうしたものをいくつかご紹介しながら、世阿弥の思想を見てみましょう。

「男時・女時」

何をやってもうまくいく日があります。人も自分の思ったように動いてくれるし、運も自分に味方してくれる。体調もいいし、気分もいい。順風満帆、人生絶好調。そんな時を、世阿弥は「男時《おどき》」といいました。

それに対して、することなすことなぜかうまくいかない、そんな日もあります。つまらないミスを連発する、なにを言っても誤解される。体調もボロボロ、気分も最悪。ああ、なんてひどい日だ、と思う。そういう時のことは「女時《めどき》」と呼びました。

男女差別だなんて怒らないでほしい。ここでいう男女は「陰陽」の比喩です。そして、世阿弥は「女時」のときの対処こそ心せよといいます。

昔は、相手の座（劇団）と自分の座のどちらが客に受けるかを勝負する「立合い」というものがありました。その立合いで女時に当たったら、控えめに演じよと世阿弥はいいました。小さな勝負の負けはくよくよせずに、控えめ、控えめに演じて、力を温存し、そして「男時」の波がやって来るのを待てというのです。

「女時」は一日で通りすぎることもあれば、数日、数年続くこともあります。まさに陰の時季、冬の季節です。

日本語の「ふゆ」は「経ゆ」でもあり「増ゆ」でもあります。必ず変化するから「経ゆ」であり、そして冬は部屋に閉じこもり、枯渇したエネルギーを蓄積する時期だから「増ゆ」です。

うまくいかない時こそ「ああ、今は女時なんだ」と思い、心静かに、ゆったりと過ごしたいものです。

「時に用ゆるをもて花と知るべし」

「花」の重要性を何度も強調している世阿弥ですが、しかし彼は「花といっても、別にこれといったものがあるわけではない（花とて別《べち》にはなきものなり）」といいます。私たちはともすれば絶対的な良し悪しがあると思いこみ、そのようなものを追求しがちです。しかし、「そのようなものはない」と世阿弥は喝破《かっぱ》します。

ただ、あるのは時との関係性だけ。「時」に合っているものが良いもので、合っていないものが悪いものになる。あらゆることは時機を得ているか、「時」との相対的な関係で決まるというのです。

世阿弥は『易経』を引用していますが、その中にも「時中《じちゅう》」という言葉があります。イエスも「わたしの時はまだ来ていません」（ヨハネ伝）という言い方をします。いまがどのような「時」なのかを知り、そしてそれにもっとも適合した判断ができるか、行動ができるか、それこそが「花」なのです。

「稽古は強かれ、情識はなかれ」

日本の古典芸能では「練習」ではなく、「稽古」という言葉を使います。「稽」とはもともとは「深く頭を下げる」とか「真剣に考える」とかいう意味であり、「古」は「固」、すなわち歴史の波に洗われて、それでもまだここに存在しているものをいいます。能でいえば、幾度もの初心の波を通り抜けて、いまここに存在している観阿弥・世阿弥以来の謡や型です。

その「古（固）」は、師匠の身体を通して眼前に現れています。そのような「古（固）」に対して、深く頭を下げ、そしてそれを自分の身体でも実現できるように研究・努力をする、それが「稽古」です。だから稽古はどれほど強く行っても、強すぎるということはない。

しかし、注意すべきは情識《じょうしき》です。しかし、この「情識」の意味はさまざまで、ある人は争う心といい、ある人は慢心といいます。あるいは迷いの心という人もいますし、頑固さという人もいます。それらをすべてひっくるめて「情識」といってもいいでしょう。

稽古とは本来、おのれを無にして「固」を求めることですが、しかし稽古を積めば積むほど、自分の芸が上がれば上がるほど、慢心も出てくるし、他人と争う心も出てくる。頑固にもなるでしょう。

それらをなくす努力をすることも、稽古なのです。

世阿弥のすべては「花」にある

夢幻能の完成が世阿弥の最大の功績だと書きましたが、実はもうふたつほど大切なものがあります。ひとつは現代にまで上演される能を数多く書いたこと、そしてもうひとつは多角的な芸能論の執筆です。

世阿弥は20ほど芸能論を書いていますが、もっとも重要なキーワードは「花」です。人から見られる芸能者にとって「花」は何にもまして肝要です。

世阿弥は「花と面白きと珍しきと、これ三つは同じ心なり」と書いています。

ここでの「面白き」とは目の前がパッと明るくなることをいいます。『伊勢物語』で都を追われた在原業平がうつむいてとぼとぼと歩きながら三河の国まで来た。そこに杜若《かきつばた》の花が「いと面白く」咲いていた。美しい紫色の杜若の明るさに業平は顔を上げます。今までの暗い気持ちも吹き飛ぶような明るさ、美しさ、それが「面白き」です。

見終わったあとに心が晴れ晴れとするような芸、それが「面白き芸」です。

また、「珍しき」も私たちが日常で使う「珍しい」とは違います。「珍しき」というのは「愛《め》ず」、すなわち愛らしいことであり、そして「目連らし」、目が自然にそちらに連られていくことです。いわゆる珍しいものや珍しいことは、二回目には当たり前になり、珍しくなくなります。そのような珍しさは「花」ではない。世阿弥のいう「珍しき」とは、まったくふつうのことの中に「あはれ（ああ、という感嘆）」を感じさせる工夫だといいます。

誰でもが見慣れているはずのものなのに、そこにまったく斬新な切り口、新しい視点を導入して「あはれ」を感じさせる。それが世阿弥の「珍しき」なのです。

そこで大切になるのが、「秘すれば花」です。世阿弥は「秘することによって、それは偉大な働きとなる」と言っています。現代でも新製品の発表前などは、その秘密が外に漏れないように細心の注意を払います。「こんな製品が出る」ということが先に知れてしまうと「なーんだ」となってしまいます。

芸能は「裸の王様」の衣服に似ています。見えないものを見る、それが芸能です。演じる側からいえば見えないものを見せる。そのためにいろいろな仕掛けをするのですが、しかし観客はすぐにその仕掛けに飽きて、さらなる仕掛けを要求します。たとえば映画でいえば、無声映画がトーキーになり、モノクロ映画がカラーになり、さらに画面が大きくなり、3Dになり、近ごろは4D、VRとなっています。「これでもか、これでもか」とより積極的に、より激しく観客に訴えていく。終わりなき発展です。しかし、観客の欲望には限りがなく、やがてその欲望に対応できなくなり、どこかで行き詰まってしまうでしょう。

能では、まったく違う発想をします。演者は、あまり観客に働きかけません。リアリティという観点からいえば、全然リアルではない。動きだって控えめですし、話している内容すらよくわからない。知りたかったら、そっちが来い、といわんばかりのわかりづらさです。まさに「秘して」います。

しかし、それによって観る人が能動的になり、ふだんは眠っている、脳に内蔵されているはずの、見えないものを見せる脳内ARを活性化させます。そうすると、とてもシンプルな舞台なのに、山にかかる月が見えたり、波の音が聞こえたりと、見えないものが見え、聞こえない音が聞こえてしまうのです。秘することによってのみ咲く花があることを能は教えます。

そういったつかみどころのないものだということを踏まえて、「花」とは何かと言えば、それは私たちがふだん考える「花」とはまったく違った、幻の花なのかもしれません。

また、ちょっと禅問答のようになってしまうのですが、「秘すれば花」では、秘する「もの」ではなく、秘する「こと」が大切だと書かれていることも忘れてはいけません。

宝生新師《ほうしょうあらた》（新《しん》とも）が次のような芸談を残しています（『能楽全書』第七巻）。新師の曾祖父の新之丞が若い頃、江戸城の奥の舞台で能『鉢木《はちのき》』を勤めることになった。そこで父である新八郎から稽古をしてもらい、ひと通りはできたけれども一カ所だけよしと言われない。ワキの僧が雪中に宿を借りるために主人を待っていたけれども断られます。そのときに「あら曲もなや（ああ、情けない）」と謡うのですが、その一句が何度やってもダメなのです。一度も及第点をもらえないままに当日になり、登城することになります。不安です。すると後から追って家の者が文箱を届けた。開けてみると「あら曲もなや」の一句が紙片にしたためられ、その横に「何気なく謡え」と書かれてあったというのです。

この「何気なく謡え」こそが秘すること、すなわち秘事です。父は、新之丞がもっと何気なく謡えばいいと思っていた。しかし、それを口には出さずに自身の工夫と苦心を待ち、そして本番直前になってそれを教えた。「何気なく謡え、って、なんだそんなもの」と思う人もいるかもしれません。「ケチケチしないで最初からそういえばいいじゃないか」と思う人もいるでしょう。世阿弥も「秘事といっても、言葉にしてしまえば実はたいしたことはない」、そして「それをたいしたことはない、という人は、秘することの偉大な働きを知らない人だ」とも言っています。「何気なく謡え」は、苦しみに苦しみ抜いた新之丞だからこそ生きる秘伝です。それほどの苦労もせずに、「なんだそんなもの」という人には「秘すれば花」はわからない、そう世阿弥は言っているのです。

命には終わりあり、能には果てあるべからず

世阿弥には気宇壮大《きうそうだい》というのか、長く、先を見ている言葉があります。そのひとつが「命には終わりあり、能には果てあるべからず」です。

この時代、能は猿楽と呼ばれていましたから、この言葉の「能」は、いまの能という意味ではなく「すること」、つまり謡うこと、舞うこと、能をすること、といった意味です。

「命には終わりあり」といいますが、私たちは自分の命の終わりを知ることはできません。電信柱に「ぶつかった」と認識するのは必ずぶつかった後です。しかし自分の「死」は、死んだ後に気付くことはできません。誰も自分の死は認識できないわけで、そういう意味では「命には終わりあり」とは実感ではなく、あくまでも他人事です。

確かに人は「命には終わりがある」というかもしれない。しかし、能楽師にとっては「能をしている限り」、そこには果てがない。能をしている限り、生涯ずっと、進歩が続いていくのです。それが「命には終わりあり、能には果てあるべからず」ということです。

そこで必要になるのが「老後の初心」です。どんな年になっても自分を「初心」で切り、新たな境地を得ていくのです。「もうこの年だからいいや」とはなりえません、果てはないのですから。そう聞くと、やたらハッスルする年寄りのようですが、そうではなく、世阿弥の伝書の最初の方には「年来稽古条々」と、年齢相応の稽古のあり方を記した章もあります。だいたい50歳も過ぎると大事なのは「せぬならでは手だてなし」。つまり「しないというやり方も方法としてありうる」。体が変わってくるのだから、やることは変えていく、それが進歩です。

アンチエイジングなんて言って、いつまでも若く、自分が主役になろうとするのではなく、人気の曲は若手に譲り、自分はやすやす（楽々）と「少な少なと」演じる。「少な少なと」というのは、動きの大きさというより、控えめにする、内面的に充実するということです。そうすると枝葉が減って、老木のような年齢になるまで花は散らないで残る、といいます。

ふつうだったら咲くはずのない老木に花が咲く、晩年の観阿弥の能はそのようであったと世阿弥は書いています。白洲正子さんには『老木《おいき》の花』というタイトルのご著書があります。白洲さんは故・友枝喜久夫師の芸に接して、まさにそれを実感したそうです。

ですから能楽師は年を取ることを楽しみにします。体は硬くなり、自由に動けなくなります。声は出にくくなり迫力のある謡を謡えなくなります。ですが、そのときこそ老木の花が咲くのです。

しかし、若い時分は意図して老成してはダメです。私も師匠から「俺が生きている間は人からうまいといわれようと思うな、ただ精いっぱいやれ」と言われていました。

第六章　能は漱石と芭蕉をこんなに変えた

漱石周辺は能ファンだらけ

２０１６年10月、本書の版元である新潮社の隣にあるイベントスペースで、いとうせいこうさんと公開のトークイベントを行ないました。テーマは「漱石と能楽」。作家のみならず、ラッパーや俳優、タレントとしても活躍しているいとうさんとの対話は実に刺激的でした。

いとう　たとえば『坊っちゃん』など、漱石の小説には宴会の場面が生き生きと描かれるものがあります。いろいろなタイプの日本の音楽が表現されており、主人公たちが街を歩いていると邦楽の音が耳に入ってきて、江戸の尾っぽがまだまだ街中に残っている。でも、教科書で漱石を読むときは、そういうところを読みとってはいけないようになっている。

安田　漱石から音をカットしちゃうのは残念ですね。

いとう　本当にひどいと思います。芸能と漱石の関係する部分を、まったく無視してしまっている。文の中で音が鳴っているし、その音に近いところで謡があるし、何とか節《ぶし》的なものがあるし、義太夫もあるし……。漱石のテキストにはすべてそれがあるのに、指摘する人がめったにいない。

安田　具体的には『坊っちゃん』にも『吾輩は猫である』にも謡が出てきます。

……とまあ、こんな感じで大いに盛り上がったイベントでした。さて、このイベントのタイトルに話を戻しましょう。

すでに漱石が能に造詣が深かったことは触れましたが、実は謡を本格的に習っていた——という事実はあまり知られていないようです。私が属している下掛宝生流《しもがかりほうしょうりゅう》の宗家だった宝生新（1870~1944）を師匠としていました。

小宮豊隆、野上豊一郎、野上弥生子、安倍能成など、夏目漱石と親交のあった人や門人の多くは能の謡を習っていますが、そのきっかけを作ったのは高浜虚子だったようです。虚子の出身地の松山は下掛宝生流の謡が盛んで、実家は代々、下掛宝生流と深い関係がありました。なんと自身も数度、ワキとして舞台を勤めたほどです。

漱石は、熊本で4年ほど英語教師をやっていた時期があり、そのころにも謡を習ったことはあったようですが、それは半年ほどしか続かなかったようです。謡をもう一度やりたいが誰か先生にいい人がいないかと、いろんな人に頼んで探してもらっています。明治39年のことです。イギリス留学から帰国して朝日新聞に入るまでの間に、能への関心がまた高まったと聞きます。

芸か人間性のどちらかが良い能楽師を探してくれと頼んだようで、最初は、泉鏡花（縁戚に能楽師が多く、『歌行燈』は能がテーマだといっても過言ではない）とも関係の深い宝生流シテ方の松本金太郎（妹が泉鏡花の母）を紹介されました。

それがいつの間にか宝生新を師匠にすることになっていた理由は、虚子の縁でしょう。

漱石が正式に入門したのは明治40年、40歳のときです。この直前に刊行されたのが『草枕』。明治41年には『夢十夜』を書いています。どちらも能の影響下にある作品です。能への熱が高まっていたころに書かれたのがよくわかります。

ただ、『漱石と謡曲』（栗林貞一著）を読むと、月謝がちょっと高すぎるなんて文句も言っていたようです。月謝は5円。当時の小学校教師の月給が10～13円ですから、今でいえば10万円ほどでしょうか。たしかになかなかの金額です。週2回は稽古していたというのですから、結構熱心です。宝生新が漱石の居宅に行って教える出稽古の形式で行われていました。

もっとも、宝生新は、稽古をよく忘れたようで、「あまりにも忘れるから、もうやめる」という趣旨の手紙を漱石が出したこともありました。ところが宝生新は手紙を読んでいたにもかかわらず、中身を2、3日経つとコロッと忘れてまた出稽古に向かう。それで「さあ、稽古しましょう」となって、漱石も謡を謡う。それでまたそのまま続く、といった関係だったようです。

師匠とはいっても、宝生新は1870年生まれで漱石の3つ年下です。漱石が稽古を始めたころは、宝生新もまだ37歳ですが、45歳頃にはもう名人と言われていました。

それ以前にも謡の稽古をしたことがある漱石が、本気で習おうと思うきっかけとなった出来事が、『永日小品』という短編集の「元日」というエッセイに書かれています（『文鳥・夢十夜』所収）。

お正月に漱石のもとに集まった門下一同。そこに虚子が羽織袴姿でやってきます。お正月だから一緒に謡おうと『東北《とうぼく》』を謡うけれども、漱石はどうもダメ。次に虚子に大鼓を打たせて、漱石が『羽衣』を謡いますが、虚子の気合に押されて、へろへろになって途中で笑い出す始末でした。ただ、その下手くそさを恥じらっているというよりは、うまくできない自分を楽しんでいる様子が読みとれます。

ともあれ、これをきっかけに漱石は真剣に謡を習おうと決めたようです。

宝生新との稽古は1916年1月まで確認できています。ただし、いつまで稽古を続けていたのか正確にははっきりわかっていません。亡くなる年（1916年）の手紙には、当時の能楽界に対して手厳しい内容が書かれています。

当時は明治の困窮の危機を乗り越え、能楽界がうまく回り始めた頃ですが、一方で、能楽師たちは軍部に迎合するような発言もしていました。漱石は日露戦争に批判的でしたから、合わないところがあったのかもしれません。

漱石は宝生新の弟子である小鍛治を「真摯なる芸術家に候」と書きながらも「然しあれも其内スポイルされる事と存候」と書いています。明治維新で辛酸をなめた頃は真摯だった能楽師が、社会的な立場が変わってきたことによって、その真摯さを失いつつあることを日記で嘆いていたのです。

ちなみに、漱石や虚子と親交の深かった正岡子規も、謡が好きでした。子規の師匠はわかっていませんが、虚子と同じく松山出身なので、やはり下掛宝生流の謡だったと思われます。子規は新作能を作って漱石に見せてもいます。『夢幻（無縁擬佛作）』という曲なのですが、シテが桜餅屋の娘で、餅が売れないのを歎いて死んでしまう上に、ワキが諸国一見の書生（能では「諸国一見の僧」がワキとして良く出てきます。全国を念仏や修行で回る僧のことですが、そのシャレなのか……）という、設定からして冗談のような作品。謡を教えている人たちと私自身も節をつけて謡ってみたことがあるのですが、単調なギャグが延々と続き、謡っている間にときどき失笑は起こるし、長すぎて飽きてしまうし、子規らしくない冗長な作品です。でも、新作能をつくるくらい好きだったのは確かで、子規が床についてから亡くなるまで、虚子はよく見舞いがてら枕元で謡ってあげたようです。子規の死後にそれを聞いた宝生新が「そんなに好きだったのなら自分が行ったのに」と言っています。

子規も虚子も、漱石の周囲はみんな謡が好きでした。なお、弟子として一番有名な一人、寺田寅彦は習ってはいなかったものの、よく漱石の謡を聞いていたようです。

芸能や音と漱石

章の冒頭で、いとうさんの指摘をご紹介しました。漱石と音楽や芸能の関係を無視している人が多いのはひどい、と。音楽家でもあるいとうさんならではの視点です。

しかし、漱石が本気で謡を習い始めてから、彼の作品の中で、謡の地位は明らかに変わりました。『吾輩は猫である（明治38年）』や『坊っちゃん（明治39年）』の中では、謡を茶化して笑っているような描写もあります。

それが一転し、『草枕』には能の影響が冒頭から見られます。

智《ち》に働けば角《かど》が立つ。情に棹させば流される。意地を通せば窮屈だ。兎角《とかく》に人の世は住みにくい。

『草枕』冒頭の有名な一節です。人はどうも情に流されてしまうものだ、だから本来は情というものは邪魔なのではないか。イギリスに行った漱石は考えました。そして『草枕』の主人公は情を超越した旅、すなわち「非人情の旅をしよう」と旅に出ます。

この旅で、主人公の洋画家はワキで、山中の温泉宿へ行き、宿で那美という若奥様と出会います。彼女がシテということになるのか、その別れた夫との邂逅を通して、戦争による死やそれをもたらした西洋文明を語ります。

また、具体的な物語の描写でも、旅先で出会う人たちを能の登場人物に見立てることによって「非人情の旅」を実現しようとします。序盤に会うのが茶店のお婆さんですが、「二三年前宝生の舞台で高砂を見た事がある」と宝生能楽堂の『高砂』の舞台で見たお婆さんと、この茶店のお婆さんを重ねるのです。能を通して老女の存在、そして旅の途中に起こる事件や風景も見る。

これによって俗世から離れ、非人情に至ることができるというとても大切なところなのですが、『草枕』を読んだという人と話をしても、この高砂の婆さんのくだりを覚えておらず読み飛ばしている人が多いようです。

能にこれから触れようという方にはまだ実感がわかないかもしれませんが、知る人にとっては「確かに！」と膝を打つポイントです。『草枕』全体が夢幻能の構造になっているとも読めるのです。『行人』もそうです。他に、「こんな夢を見た」で始まる『夢十夜』は、幻想文学と言われる通りで、ワキが見る夢の世界さながらです。漱石の作品には能の影響が色濃く残るものが、いくつもあるのです。

能を通して見る漱石作品のアンチ西洋

能を通して世の中を見る――漱石は『草枕』で、主人公をワキに見立てて、そのように設定しました。他にも『草枕』には、能の影響が強く見られるところがあります。

登場人物の一人が、小説なんて筋を読むものではないと言っているところです。ぱっとおみくじのようにランダムに開いたところを読むのがいい、と言うのです。「筋」というのは、アリストテレスが『詩学』の中で最も大事だという概念で、ギリシャ語で言う「ミュートス」です。ですから、漱石の「筋」批判はある意味でアリストテレス的思考の批判とも読める、と私は考えています。当時日本が輸入しようとしていた、西洋の「何とかロジー」と呼ばれる、あらゆるロジカルな理学の否定ともとれます。能は、何とかロジーやミュートスからまったく外れるものなので、だからこそ漱石は好きだったのかもしれません。

そもそも能を味わうことは、まさにおみくじを引くのに通じるところがあります。途中の一部の謡だけを取り出して楽しむ「小謡《こうたい》」や、詞章や節の面白い部分をひとりで謡う「独吟《どくぎん》」、他にも能の一部だけを謡だけで舞う「仕舞《しまい》」や、それに囃子をつける「舞《まい》囃子《ばやし》」などがあります。また、謡を稽古している人のおさらい会では、誰がどの曲のシテを謡うか、ワキを謡うかということは当日のくじ次第。そのためのくじを能の本を扱う専門店では売っていたものです。

謡というのは移ろいゆくもので、その瞬間に抽出されるいちばん濃いエッセンスを、瞬間ごとにぶつけあって交差させるものです。たとえば心を動かされる景色に出会ったら、それにふさわしい謡を即座に謡う。その謡に対して別の人がまた他の謡を謡う。あるいは適当な謡がなければその場で創作して謡ってしまう。

これは俳句にも通じる方法論で、たとえば江戸時代の俳人である横井也有《やゆう》（1702〜1783）の俳文集『鶉衣《うずらごろも》』には、戯れに作った謡がいくつも載っています。横井也有や松尾芭蕉だけでなく、多くの俳人たちは、連句を巻く（連句を詠むことを巻くといいます）ときのように即興で謡を作り、それをみんなで謡って楽しんでいました。前に紹介した正岡子規の新作能なども、ひょっとしたらそのようにみんなでわいわいと作ったのかもしれません。俳句にも親しんでいた漱石たちは、それを楽しんだのではないでしょうか。

漱石は、俳人が周りに多かったことからもわかるように、俳句の影響を強く受けていますし、謡を教えた宝生新先生は生徒になって正岡子規に俳句を習っています。能の専門誌を読むと、昭和40年頃までは能楽師たちの俳句がたくさん載っています。俳諧師と能楽師が強く結びついていたのです。

一方で、おもしろいことに、漱石は歌舞伎があまり好きではなかったようで、『明治座の所感を虚子君に問れて（明治42年5月）』という文章の中で、歌舞伎を「極めて低級に属する頭脳を有った人類で、同時に比較的芸術心に富んだ人類が、同程度の人類の要求に応ずるために作ったもの」などと言っています。他にも、歌舞伎はこちらを引きずり込もうとするけれど、能は違う。能のありがたみは「芸術という着物を何枚も着せて、世の中にあるまじき悠長な振舞をするからである」と『草枕』の中で書いています。歌舞伎には歌舞伎のおもしろさがあり、私は好きですが……。

漱石がロンドンに留学して、西洋の「私」、あるいは個人主義に出会い、結果として神経を衰弱させたというのは有名な話です。その視点から考えて行くと、そもそも漱石は、謡を治療と捉えてやっていたのではないかとも思えます。『草枕』はそういう意味では、自分は西洋的な「私」から離れるのだ、というアンチ西洋の宣言の書と読めると思うのです。のちの「則天去私」の原型です。

『草枕』で漱石が、旅で出会う様々な登場人物や事物を能の登場人物に擬して書いているかたちは、次にお話する芭蕉の旅と通じるところがあります。

謡は俳諧の「源氏」

江戸時代の俳人、松尾芭蕉（1644〜1694）も能の謡から大きな影響を受けたひとりです。

芭蕉は伊賀上野の出身です。織田軍の徹底的な弾圧を引き起こした「天正伊賀の乱」（1578〜79、1581）があったことで、伊賀者は江戸時代になってからも日陰のの立場に甘んじることになりました。芭蕉はその境遇をなんとか打開しようと何度も努力をするのですが、結局かなわず、士農工商の四民という箱（方）の外、方外で生きようと考え、その選択が俳諧だったように思います。

芭蕉が学んだ俳諧の世界は、すでに能の謡の影響を強く受けていました。芭蕉より40歳ほど年長の俳人・連歌師であった西山宗因《そういん》の句に「郭公いかに鬼神もたしかに聞け」というものがあります。

この句を、謡を習っている人や能楽師に紹介すると、みなさん大爆笑します。これは能『田村』で、勇壮な征夷大将軍、坂上田村麻呂が鈴鹿山の鬼神を退治するときの謡、「いかに鬼神もたしかに聞け」をそのまま使っています。対比の対象は、和歌の世界では「恋の鳥」、あるいは「物思う鳥」として扱われるほととぎす。一緒になるはずのない両者を対比させて、そのギャップから生じるスパークを楽しむ、まさに俳諧（ギャグ）ですが、謡を知らないとそのギャグもわかりません。

また、芭蕉の弟子の宝井其角《きかく》（1661〜1707）は「謡は俳諧の『源氏』」だと言っています。和歌の名手である藤原俊成が「源氏見ざる歌よみは遺恨の事なり」と、『源氏物語』が和歌を学ぶには必須だと伝えたことを念頭に、俳諧を学ぶためには謡こそ必要だと説いているのです。

「旅人と」の画賛の一部（東藤画）

しかし、芭蕉にとっての謡は、そのような俳諧の素材や教養に留まらず、その人生の後半生の指針ともなるべきものでした。

俳諧師として一応の名声を得たものの、それでも心の空洞は埋まらず、芭蕉は旅に出る決心をしました。それは私たちが考える「旅行」ではありません。

芭蕉が書画に自筆で書いたとされる「旅人とわが名よばれむはつしぐれ」という句があり、その脇に『梅枝《うめがえ》』という能の詞章が書かれています。『梅枝』は身延山の僧が、夫を殺された悲しみをいやすために雅楽の太鼓を打っているうちに死んでしまった女性の霊と出会う物語です。この妻が僧を家に招きいれるときに謡う「お泊りあれや旅人」という詞章がこの書画には書かれているのです。

つまり、芭蕉は普通の旅人ではなく『梅枝』に登場する能のワキ方、すなわち旅の途中で霊と出会う旅人をイメージしていたということです。芭蕉はそのような旅人として旅をしたかったとわかるのです。

能では、ワキ方が演じる旅人は心の空洞を抱えて旅をし、行く先々で出会う霊を慰めるという物語が多く見られます。

ここでもうひとつ注目すべきは、能の登場人物は、漂泊の旅人だけではなく、主人公であるシテもほとんどが負けた人や埒外、方外の者たちだという点です。

武将ですら負けた平家出身者が多い。源義経（1159〜1189）がシテの能『八島《やしま》（屋島）』は、義経が源氏なので、勝修羅《かちしゅら》（戦いに勝った方がシテの能）だと言われていま

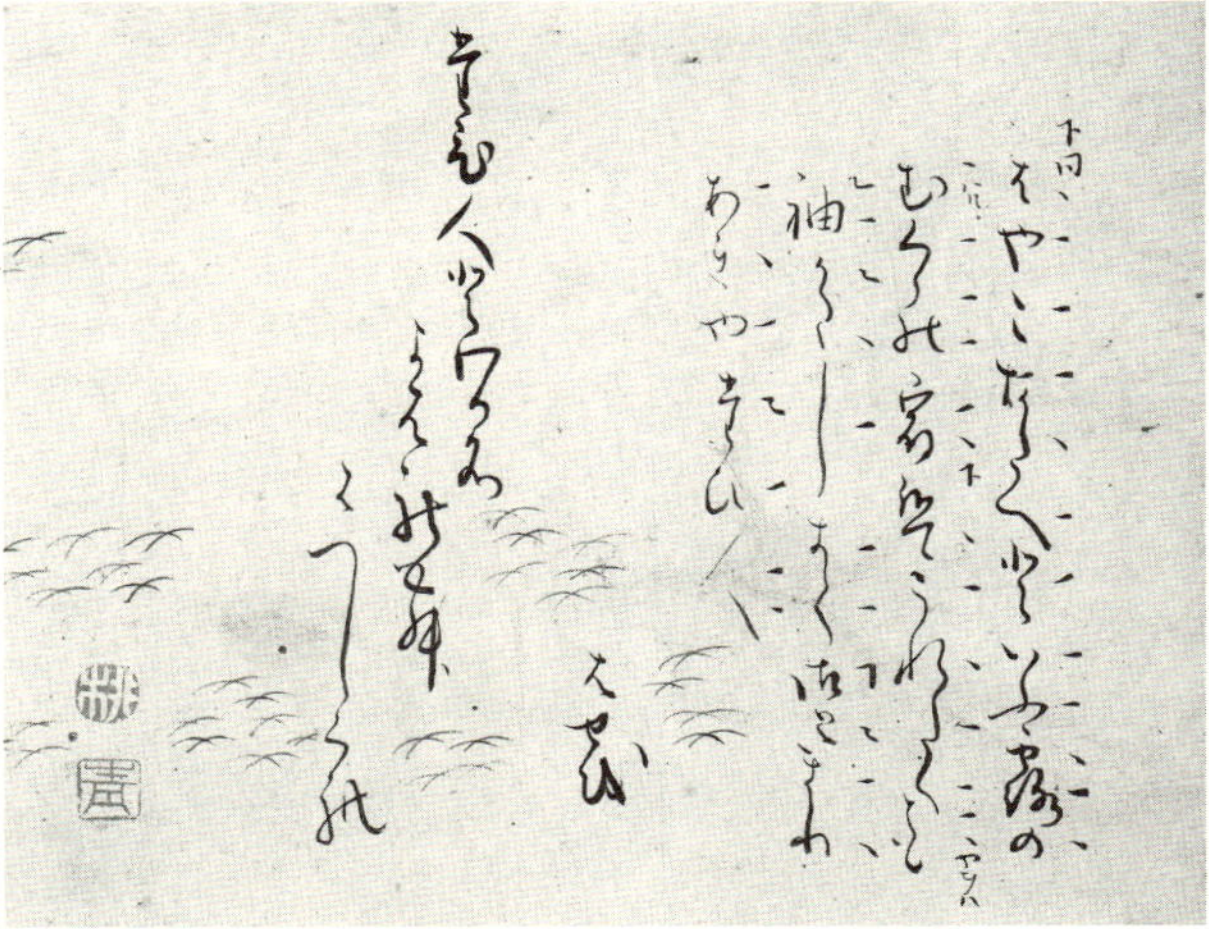
「旅人と」画賛の一部。（135頁と同一の書画。個人蔵。芭蕉筆）

すが、義経自身も結局は非業の死を遂げます。能の物語では、実は慰める方の旅人自身も心が慰められて、心の空洞が埋められていく様が描かれています。

伊賀者だった芭蕉が、こうした世間から外れてしまった登場人物に対してシンパシーを抱いたことは想像に難くありません。

話を漱石に戻せば、彼もまたそういう心情を抱いたのではないでしょうか。帝大を出て留学までして国家の中枢を担うはずだったのに、神経を病んでしまい、帰国後に入社したのは朝日新聞でした。今でこそ大権威ですが、当時はニューメディアで、今で言えばニコニコ動画に入ったようなものです（これはいとうせいこうさんの受け売り）。どこか世間の枠の外で生きているという気持ちが漱石にも強くあったのではないかと思います。このあたり、同じ明治の文豪でも、超エリートの森鷗外とはかなり異なります。現代からは見えにくい、江戸から明治に連なる時間軸でものを見ると、俳諧、謡、文学を結ぶラインがあるのです。

死者の鎮魂をする

単に芭蕉の気持ちの問題だけではなく、能との関係を考えると、『おくのほそ道』の読み方はまったく変わってきます。

それを考える前に、なぜ主人公の武士たちが修羅道や地獄に堕ちる能を、江戸幕府は庇護したのか。この疑問について考えてみましょう。

本来ならば、支配階級の武士たちが堕ちていくなどという話はあまり歓迎されないように思えます。幕府という「勝者」の側が、なぜわざわざ非業の死を遂げた敗者をテーマにした能を認めていたのか。

それは敗者たちを鎮魂するという狙いがあったからです。あるいは、敗者たちのたたりを怖れて厄落としをしたとも考えられます。そうして見ると、日本の芸能には非業の死を遂げた者の魂を鎮めるものが結構多い。

これを前提に、『おくのほそ道』について考えてみましょう。『大辞林』で『おくのほそ道』を引くとこうあります。

「俳諧紀行。一巻一冊。松尾芭蕉著。1694年素竜清書。1702年刊。1689年3月末、門人曾良を伴い、江戸深川から関東・奥羽・北陸の諸地を巡って美濃の大垣に至り、さらに伊勢の遷宮を拝もうと、9月6日に大垣をたつまでの紀行（後略）」。

注目すべきは、刊行年です。教科書にも出て来るほど有名な作品なので、私たちは『おくのほそ道』は芭蕉が生きていたときから一般に読まれていたと思いがちですが、芭蕉は1694年に死んでいるので、実は印刷物となって読まれるようになったのは芭蕉の死後8年経ってからです。生前は、写本しかありませんでした。ですから、生前の読者は、主に蕉門下にいた弟子達です。芭蕉は写本を携えて弟子たちのところをまわり、一緒に読んでいたようです。

私たちは『おくのほそ道』を、芭蕉がこんな場所に出かけてこれを見た、こんな句を詠んだ、といった旅日記のように捉えていますが、実際に歩いてみると、旅をそのまま紀行文としたわけではまったくなく、実際の旅を土台に書いた「フィクション」的な色彩が強いことがよくわかります。『おくのほそ道』に描かれているのは、虚構の旅、つまり、芭蕉の表現する「幻の東北」という、夢のような幻のような世界を、読者が一緒に旅するための手引書なのです。

私は『おくのほそ道』の旅を、ロールプレイングゲーム（RPG）に喩えたこともあります。主人公は芭蕉で、旅のお供は弟子たちです。この全員がワキ方として、未知の人物たちと出会っていきます。

ゲームの中で私たちは芭蕉になり道に迷い、迷宮に誘い込まれていきます。そして各地で歌人や過去の人の魂や霊に出会います。この霊が、能ではシテにあたるというわけです。

ゲームのように戦闘シーンこそないものの、魂や霊と交歓し、怨霊を鎮魂し、四季折々の風景を言祝ぎ、「歌枕（和歌のテーマとなる名所旧跡）」地点を一見し、歩を進める。その過程で、参加者は、芭蕉や曾良《そら》の詠んだ「五七五」、たとえば「さみだれをあつめてすゞしもがみ川」（芭蕉）の発句に続けて「七七」、たとえば「岸にほたるを繋ぐ舟杭」（一栄）の連句をつくります。その「七七」にまた「五七五」、「瓜ばたけいさよふ空に影まちて」（曾良）とつけ、俳諧の連歌をつくっていきながら、能ＲＰＧの旅を完成させていくのです。

では、かりにこの旅が能ＲＰＧだとして、その目的あるいはゴールは何でしょうか。通常のＲＰＧならば、敵を倒す、宝を見つける、といった目的があります。しかしもちろん芭蕉は敵と格闘しませんし、埋蔵金を探し求めたりもしません。

芭蕉の能ＲＰＧの主目的、それは先ほど触れましたが、鎮魂ではないか。私はそう考えています。具体的には、源義経の霊魂を慰めて、怨霊にならないようにすること、それが芭蕉に幕府から与えられた役割だったのではないか――とんでもなく飛躍した話に聞こえるかもしれません。

しかし、私たちの先祖の豊かな発想を侮ってはなりません。芭蕉が『おくのほそ道』の旅に出発した年は、源義経の五百年忌にあたり、その第一の目的地である平泉こそ、義経終焉の地です。これは果たして偶然でしょうか。

芭蕉が旅をした、真の目的とは

鎮魂というものは、私たちが思っている以上に、当時の人たちにとっては大きな問題でした。日本の歴史には、さまざまな怨霊が登場します。強い恨みを残して死ぬと、その霊魂は怨霊になり、現世の人々に祟るのです。有名なところでは菅原道真、平将門でしょうか。『平家物語』の平清盛、平知盛あたりもそうです。なかでも、最凶の怨霊といえば「保元の乱」で讃岐に配流され、彼の地で亡くなった崇徳院《すとくいん》（1119〜1164）です。天皇、院にまで登りつめながらも、政治に翻弄され、流された讃岐で西行のすすめもあり、3年がかりで5部の大乗経を写経し、都に送りますが、朝廷側は受け取りを拒否します。その後舌を噛み切って天皇家を呪いつつ生きながらの天狗となって死んだ……というすさまじい恨みを持った人なのです。

崇徳院の怨霊伝説は根強く、代々の天皇は皆、この崇徳院の鎮魂に尽力しています。なにしろ、天皇家を身内から呪い、国家転覆までをもやりかねない怨霊は、崇徳院だけ。近代でも、孝明天皇は崇徳院の神霊のために京都に白峯宮創建の企画をし、明治天皇が、即位の礼の前にそれを実現しました。昭和天皇は、東京オリンピックの成功のため、讃岐で崇徳院を祀《まつ》ったそうです（ちょうど崇徳天皇八百年祭に当たる年でした）。

さて、代々の天皇が恐れたのが崇徳院だとすれば、徳川将軍の綱吉がいちばん恐れた怨霊とは、だれか。徳川は武家ですから、恐れるのは武家で怨念を持って死んだ人……

そう、源義経です。貴族の時代である奈良・平安時代を終わらせ、武士の時代である鎌倉時代を作った最大の功労者でありながら、兄に殺害されるという非業の死を遂げた悲劇の英雄です。武家にとっては崇徳院よりも怖い存在です。

芭蕉が生きた時代を治めていたのは、綱吉です。徳川幕府は、家康、秀忠、家光と三代まででその基礎が築かれました。徳川の治世の存続は続く将軍にかかっていましたが、四代が病気がちだった。そこでその重責を担うことになったのが綱吉でした。綱吉は、徳川幕府の継続と繁栄のために、従来の「弓馬の道（武芸の道）」から、忠と孝と礼による文治政治へと大幅に転換し、湯島聖堂を建立したり、儒学者の林鳳岡《ほうこう》を大学頭に任命し、儒学を発展させたりしました。また、貨幣経済を確立したり、捨子禁止令や服忌令《ぶっきりょう》（親類・縁者の死に際して喪に服すべき期間を定めた法）を定めたりと、文治のためのさまざまな改革・事業を行いましたが、そんな綱吉の大事業のひとつが、義経の鎮魂だったのです。

そして、誰にそれを任せるか、というときに綱吉がまず相談したのは、儒教や和歌をよく理解していた側用人、希代の教養人でもあった柳沢吉保《やなぎさわよしやす》であったと思われます。そして、その吉保が歌の先生として師事していたのが、北村季吟《きたむらきぎん》です。

北村季吟は、医師の家に生まれ、まずは俳諧師として活躍しました。その後、歌人に転身し「幕府歌学方」の地位に就き、柳沢吉保の歌の師にまで上りました。将軍を歓待する庭の造園（東京の駒込にある「六義園《りくぎえん》」です）を任せるなど、柳沢吉保の北村季吟への信頼は厚いものでした。鎮魂者として誰が適任か、柳沢吉保は季吟に相談をしたことでしょう。

季吟はまず、かつて崇徳院の鎮魂を行ったのはだれだったか、と考えた。それは歌人であり僧であり、そしてかつては武士であった西行法師でした。この人は、平安後期に活躍した歌人で、名家に生まれ、北面の武士（容姿と武芸に抜きん出ている）として、和歌や故実にも通じ、前途有望な若者でしたが、20歳すぎに突然出家します。その後は、足の赴くままに各地を旅して歩き、質素な草庵暮らしと歌を詠む生活を続けました。漂泊の吟游歌人です。

義経の鎮魂は、西行に匹敵する人でなければならない。ならば、当代一流の俳人である芭蕉しかいないであろうと季吟が考えた可能性は高い、と私は想像しています。なぜなら季吟は、芭蕉に俳人としての認可を与えた師であり、芭蕉の才能をもっとも知るひとりだったからです。

こうして芭蕉は、門人曾良を伴って、東京、深川を旅発ちました。

門人の許六が描いた芭蕉と曾良の旅装姿の絵『奥の細道行脚之図』（天理大学附属天理図書館蔵）があります（左上）。芭蕉の生前に描かれたので、その写実性に一定の信頼はできると考えてよいでしょう。ここでは坊さんでもない芭蕉が僧の格好をして、しかも笠を前に持っています。ここにも能の影響を見ることができます。芭蕉は「ワキ僧」という、能で旅の僧に扮するワキ方の役にあこがれていたのです。「笠を前に持つ」のは、西行のトレードマークなので、「西行です」と芭蕉が宣言をしているポーズともいえます。西行は芭蕉よりも５００年ほど前の人ですから、偉人を題材にした「コスプレ」といっていいでしょう。

『奥の細道行脚之図』

とはいえ、偉人に扮する自分をパロディにすることも忘れません。芭蕉には「狂句こがらしの身は竹斎に似たる哉」という句があります。人気の仮名草子（仮名や仮名まじりで書かれた物語や小説）『竹斎《ちくさい》』に描かれた、うだつが上がらず、食い詰めて旅に出る京都の藪医者の竹斎という人物のスタイルを真似しているのです。竹斎の剽悍《ひょうかん》なユーモアは、能と表裏一体の狂言の役割でしょうか。西行と竹斎、こうしてあこがれの物語の登場人物に自分をなぞらえて、芭蕉は旅を始めました。

世阿弥と同じ、逆説的な芭蕉

鎮魂を命じられた、という説を述べましたが、芭蕉にはもうひとつ、旅に出る個人的な理由があったと思われます。そちらも説明しておきましょう。

伊賀生まれの芭蕉は、前述したように天正伊賀の乱で世の中に出られない出自でしたが、伊賀国上野の侍大将である藤堂家の人に出会って、やっと引き上げてもらえそうになった。ところが主君が若死にしてしまい、結局ダメに。芭蕉はそこから、「四民の方外」で生きようと決めて、江戸に出て俳諧師になり、どんどん頭角を現しますが、彼を俳諧師にしてくれた北村季吟より上にはなれません。社会システムの中には、上が必ずいる。それならそこから自由になるしかない。

そこで、まずは日本橋から突然深川に移り住みます。当時の深川は、かなりの田舎だと思われていたので、いまでいえば六本木から突然、私の郷里である海鹿島《あしかじま》（銚子）に引っ越すようなものでしょうか。一番のパトロンは日本橋辺りに住んでいるわけで、そのパトロンを捨てるということは生活の基盤をなくすことにほかなりません。

芭蕉はここで、生活者としての自分を捨て、純粋な詩人（俳諧師）としての道を選んだのです。しかし、ここからが大変です。どんな人から認可を受けても、その人以上にはなれない。だいたい芭蕉の目指すような俳人は、いままで存在しなかった。となると、人ではない何者かから認可を受けるしかない。それは、草枕に宿る歌人たちの霊だ、と芭蕉は考えたのではないか。

飛躍していると言われるかもしれませんが、実はこのように、この世の人ではない者から認可を受けるという逸話が、能の世界ではいくつか伝承されているのです。その中から、ワキ方の春藤寿卜《じゅぼく》（寿朴とも）が、夢で亡き父より能の型と、その演目を演じる認可を受けた話を紹介しましょう。

徳川家光の時代の能楽師、春藤流の三代目である春藤道覚は、その大髭ゆえに「髯春藤」とあだ名された異色のワキ方でしたが、旅先の加賀国（石川県）で突然、亡くなってしまいました。

後に四代目となるその子の寿卜は、まだ『張良』の型のいくつかを父から教わっていませんでした。『張良』というのは漢の劉邦の軍師である張良が、黄石公（石の精霊）という不思議な老人が川に投げ入れた靴を拾うという型が眼目の能です。この曲にはアドリブ的な要素が含まれています。舞台上で、靴が落ちた場所によって、数多くある型の中からどの型をするのかを一瞬で決めなければならないのです。

そのために学ぶべき型もたくさんあるし、またワキ方の一子相伝《いっしそうでん》で、師匠から直接、教えてもらった人しか演じることができません。寿卜は父の遺骸を受け取るために加賀の国に行き、棺に納めて帰京の途に就いたのですが、道中、細呂木の宿（福井県）で不思議な夢を見たのです。亡父、道覚が夢の中に現れて、「まだ教えていない型がある」と、その型を寿卜に伝授しはじめました。伝授の完了とともに夢は覚め、寿卜は夜中にもかかわらず荷の中から長裃《ながかみしも》を出して、道覚の棺の前で数度稽古した、と伝えられています。ちなみに私たち能楽師は、初めての曲を上演する際には師匠の認可を受ける必要があります。これによって、すべての型の伝授を得た寿卜は、『張良』を舞う認可も得たのです。

夢のありようが今とは異なるとはいえ、芭蕉も、この世にいない歌人や連歌師からの認可を受けることによって、いままで存在しなかった、まったく新たな俳諧をする者として生まれ変わろうとしたのではないでしょうか。この世の中で生きるためにこそ、この世の外の論理をその保証として使う、それが能の方法論であり、また世阿弥の、そして芭蕉の方法論なのです。

あの世とこの世を分ける「ワキ方」

能のワキ僧の「次第《しだい》」（最初に謡う謡）には、身や世を捨てるというフレーズがよく出てきます。芭蕉も能のワキ僧としての旅をするために、一度、身を捨てる必要がありました。その第一歩が深川への移住と隠棲《いんせい》でした。

ここで「ワキ」という存在について掘り下げておきましょう。私自身もワキを演ずるワキ方ですが、夢幻能では、ワキは物語を始める存在で、幽霊であるシテ方に出会う旅人として登場します。能のワキは、脇役の「ワキ」ではなく、「分ける」のワキです。つまりはあの世とこの世の分け目、境界にいる人物です。だからこそ、あの世の存在である幽霊たちの無念の声に耳を傾け、その恨みを晴らすことができる。諸国をさまよい、幽霊に出会い、成仏させる、それがワキの役割です。

夢幻能では、ワキの旅人（僧である場合が多い）がいるこの世は、幽霊の登場でいつのまにか時空が歪められ、パラレルワールドに変わるのですが、ワキとして旅をする芭蕉の『おくのほそ道』もいつの間にか時空が歪み、パラレルワールドが出現します。

ここで『おくのほそ道』の中から、能のごとき旅をひとつ紹介しましょう。

深川・芭蕉庵を出た芭蕉は3泊4日で約140キロを一気に歩き抜き、最初の目的地日光に到達します。1日の平均歩行距離は30キロ以上。日光は、当時は大御所・家康の霊廟があり、そして観音の霊地でもあり、まさに聖地中の聖地です。そんな聖地巡礼を果たした芭蕉は那須（栃木県）に向かいますが、ここは2400キロに及ぶ『おくのほそ道』の旅の中でも、もっとも不思議な物語の舞台となるエリアです。

那須は能の名曲である『殺生石』や『遊行柳』ゆかりの地です。特に『遊行柳』は、西行が歌を詠んだことによって、歌枕に準ずる扱いを受けることとなった那須の柳の老木の話であり、そのゆかりの地は西行法師を慕う旅には外せない地なのです。

遊行柳に向かうために、まずは那須の黒羽に向けて歩き始めた芭蕉は、「直道《すぐみち》（まっすぐな広い道）」を通ってしまいます。『おくのほそ道』は、芭蕉が門人たちと読んだロールプレイングゲームだという説は述べましたが、芭蕉がこの部分を読んだときに、能に親しんでいる弟子たちの多くは「え、いいの？」と思ったはずです。

というのも、本来、『遊行柳』の能では、広い道を行こうとした旅の僧のもとに老人が現れて、違う道を行くようにとうながされるのです。遊行柳を訪ねようと思ったら、広い道を通ってはいけない。いわばこの旅の「攻略本」である能『遊行柳』にはそう書いてあるのです。

しかし、道の先には村も見えるし、「あそこまでは」と芭蕉は歩き続けます。すると、とつぜん雨が降りはじめ、まだ日の暮れる時間でもないのに夜になってしまいます。むろん、現実生活ではそのようなことは起こりません。これも、この旅そのものが能であると考えれば合点がいきます。

能の中では突然、大雨や大雪になりますし、まだ日も高いのに突然、日が暮れるなんてこともよく起こります。芭蕉は、いつの間にか能の世界、パラレルワールドに入っていたのです。

かたわらにある農家に泊まった翌朝、起きてみると昨日の広い道は消え失せ、代わりにあるのは蜘蛛の巣のように縦横に張り巡らされた無数の細道でした。これもまた夢のような不思議さ。夢幻能的な展開です。

どの道を行くべきか決めかねて途方にくれる芭蕉は、花を売る草刈りの男に泣きつきます。すると、男は馬を貸して「この馬が留まるところまで行き、そこで返してくれ」といいます。道を知る不思議な自動運転の馬です。ちなみにこの馬も『遊行柳』では重要なアイテムなのですが、話が長くなるので詳述は避けましょう。

そんな不思議な馬に乗って芭蕉が黒羽に向かっていると、幼い子がふたり、馬の後を追って走ってきます。ひとりは女の子、名を尋ねると「かさね」という。「このあたりでは聞きなれない優雅な名前だ」と芭蕉は不思議に思い、ここで門人、曾良が「かさねとは八重《やえ》撫子《なでしこ》の名成《なる》べし」と詠む（本当は芭蕉の句だとも）のですが、その登場の仕方からしても、その名前からしても彼女はただ者ではない。芭蕉が能の世界に迷いこんだとするならば、彼女こそ、この能のシテに違いありません。その句の通り、かさねという少女は、草刈りの男の持っていた撫子の花の精霊だったということになります。

この体験によって、能のワキとなった芭蕉は、いよいよ遊行柳に向かって、今度は西行との一体化を果たすのですが、『おくのほそ道』には、このような不思議な話がたくさんあります。つまり、このような「能」的な体験を繰り返しながら芭蕉自身が変容していく、それが『おくのほそ道』なのです。

『おくのほそ道』が愛される理由

江戸の巷では、庶民も謡をたしなんでいますし、謡を聴くと思い浮かべて共有できる原風景がありました。少なくとも芭蕉の弟子たちは「謡は俳諧の源氏」と言うくらいですから古典に親しんでいたはずです。能の詞章は古典、たとえば源氏物語を踏まえており、源氏物語はその前の古今和歌集、古今和歌集はその前の万葉集を踏んでいて、と、連綿と「本歌取り文化」が続いています。『おくのほそ道』もまた、その流れの中にありました。

いまだに親しまれているのは、芭蕉自身の天才性や個性はもちろん、その連綿と繋がる本歌取り文化の流れの中にあるからです。だから、芭蕉の句の中には、謡がわからないと理解できないものが多くあります。逆にいうと、謡がわかると突然拓《ひら》ける句があるということです。

たとえば、遊行柳を見て詠んだ芭蕉の句が、こちらです。

田一枚植ゑて立ち去る柳かな

田を一枚植えて立ち去ったのが誰かがよく問題になる一句ですが、自分が芭蕉のつもりになり、遊行柳の現場に行ってみればすぐに解決します。能のワキとして旅をしていた芭蕉は、遊行柳を前にしてワキのようにじっと座り、『遊行柳』の謡を口ずさんでいたでしょう。現実の田では早乙女が田植えをしている。それを眺めながら謡を口ずさむ半覚半睡の芭蕉の目の前には、柳色の装束を着た、遊行柳の精である老翁がゆったりと舞を舞う姿が見えてきます。ちょうど幻の能が終わり、柳の精が戻るころ、早乙女の田植えも終わり、田は一面の早苗となっている。これがこの句の表現したところではないでしょうか。

このように『おくのほそ道』を読むときには、芭蕉の句だけを評価するのではなく、実際に自分もその場にいるつもりで芭蕉や曾良の句に続けて連句をつけ、芭蕉の俳句の背景にある真剣な人生への眼差しを見つめるといいのです。

芭蕉は夢幻能の構造を自分の人生、それから旅にまで高めていきました。それが芭蕉の能との関わり方なのです。能の背景を知っていると、だからこそ味わいがまったく違う。そして、この世界観を能の要素をもって構築したからこそ、『おくのほそ道』と芭蕉の句は、いまだに愛されているのだと思います。

文学史の中でも言葉の流れの中でも、子規は芭蕉的な俳諧を否定します。それでいて、子規や虚子の俳句は芭蕉的な要素がある。そこから逃れられないところがあるのかもしれません。

「旅人と我が名呼ばれむはつしぐれ」という句で、芭蕉は現世の旅をする気はない、あの世と行き来する旅をする、という宣言をしました。自分の旅はこれから全部能の旅だからそう読んでくれという。自分はそれによって大きな言葉の流れに浮かぶ先達に認可を得るのです。

「極楽の芸術」は俳句と能

江戸時代の俳諧の基本は連句でした。芭蕉によって連句の冒頭の発句（五七五）のみを鑑賞する事も多くなりましたが、それを俳句として完全に独立させたのは正岡子規と、そのあとを継いだ高浜虚子でした。

高浜虚子は、文学には極楽の文学と地獄の文学があると言っています。

地獄の文学というのは、人生を陰鬱なものの悲惨なものとして、窮乏の苦しみや病苦に喘《あえ》ぐ事を描いた文芸です。それを読むことで、同じように窮乏している人や病人は心を慰めることができます。

それに対して、極楽の文学というものは花鳥風月の文学をいいます。いかに窮乏の生活にいても、いかに病苦に悩んでいても、ひとたび心を花鳥風月に寄せる事によってその生活苦を忘れ病苦を忘れ、たとえ一瞬時といえども極楽の境に心を置く事ができる、そんな文学を虚子は極楽の文芸であるといい、その代表が俳句だといっています。さらに、それは、能の「舞」のごときものだともいうのです。

能では、どんな悲惨な人生を描いたものであっても、その主人公の多くが舞を舞います。舞によって「今までの生涯が救われ、極楽世界に安住する事を示す」、つまり舞は救いをもたらすものなのです。舞い歌い遊ぶ芸術である能は、「極楽の芸術」です。もともと人間というものは、生活に苦しまねばならぬもので、遂には死なねばならぬもの、これほど悲惨なものはない。しかし、と虚子は続けます。たとえ悲惨だからと言って明け暮れ悲しんでいる事はできない、その中にあえて楽しみを見出し、歌舞の世界を創造する、それこそが能の舞であり、花鳥諷詠の文学である俳句だ、と。

これはまさに俳諧的生き方だともいえます。俳諧というのは諧謔《かいぎゃく》、すなわち笑いであり、価値観を転換させるものです。悲惨な人生を、見方を変えることによって笑ってしまおう、あるいは優雅なものに変えてしまおうというのが俳諧です。死すらも笑い、そして優雅なものに変える。笑ってしまおうというのは狂言の方法論でもあり、優雅なものに変えてしまおうというのが、能の優雅な復讐の方法論でもあります。

死の近い子規の枕元で虚子はずっと謡ったといいます。喀血してからの子規は、終始死を意識し、能の描く死後の世界と自分の境遇を一体化したのではないでしょうか。

綱吉時代の能役者、観世宗玄《そうげん》には「世のわざをまなび習ひて今ぞ知る　かき消すやうに失せにけるとは」という歌があります。この歌の「かき消すやうに失せにける」というのは能の前シテが、その本性を明かして舞台から消えるときによく謡われる言葉です。いつも演じていた死者としてのシテを、いま自分は現実の死に際して実感している、そのような歌です。シテ方の役者にとって現実と舞台の位相は完全に融合するのです。

漱石に芭蕉、能を少し味わってから読んでみると、見落としていた側面を発見できます。能は、古代の形をいまだ残す芸能です。日本の文学の礎とも言えるこの二人の作品が、能の構造に大きく影響されているのは、驚くべきことではないでしょうか。

第七章　能は妄想力をつくってきた

能は妄想力が大切である

世阿弥が古典を立体化したことは、56頁で述べた通りです。紙に書かれた2次元の古典を、3次元に立体化し、芸能にしたわけです。室町時代までの芸能にはこのような試みは見られませんでした、というより父親の観阿弥でさえ、古典を材料にした芸能はあっても、世阿弥のような王朝立体絵巻とでもいうべき作品は残していません。

鎌倉時代に後深草院二条が自伝形式で日常を綴った『とはずがたり』には、源氏物語ごっこのような遊びが書かれており、古典を遊び直す試みは既に公家文化の中にあったことがわかります。ただそれを劇として見せたのは、世阿弥が世界でも初めてです。海外を見わたしても、さまざまな形態を試みた古代ギリシャ演劇にさえ、古典を立体化させたものはほとんどありませんし、シェイクスピアには古典から材を取ったものは多くありますが、世阿弥のような古典の立体化とはちょっと違います。

最近では、『テニスの王子様』や『弱虫ペダル』といったコミックが、ミュージカル化あるいは舞台化されていて、「2・5次元」というジャンルが確立されているそうです。「2次元」のコミックを立体化したことがその語源だそうで、人気の舞台はチケットが瞬殺で売り切れだとか。オリジナルはあるものの、その後に勝手にファンたちが展開を作り、それにまたファンがつくような流れもあるそうです。思えば、宝塚歌劇団はこの動きを先取りした存在だといえるでしょう。

古来、ファンというものはみな脳内で妄想をするものです。ネットなどそれを表現する道具や場ができたからなのか、妄想が外に溢れ出し、具体化する。文字や映像どころか、舞台にまでなっていく。

これを聞いたとき、まさに世阿弥と同じだと思いました。

ファンが熱狂したという点でも、往時に通じるものがあります。室町の同時代の人にとっては、猿楽能や田楽能の舞台は決して静かに見守るものではありませんでした。「2・5次元」ミュージカルやアイドルのライブのような一体感があり身を躍らせて盛り上がったものだったのです。

旅を妄想する

世阿弥は田楽の「桟敷崩れ」の話を語っています。8、9歳の少年が扮した日吉山王の使いの霊である猿が、御幣を持って飛び回る猿楽（田楽）を披露していたときのこと。観客が熱中するあまり、周囲83間（150メートル）の3、4層の桟敷を倒壊させたというのです。最近でもライブ会場で、人が将棋倒しになるといったアクシデントが起こりますが、まったく同じです。近江猿楽の犬王による北野神社での演能は、拝殿の屋根にまで人が登るほどだったとか。

紙に書かれた物語から妄想を拡げて、立体化し、それを見る人たちが一体感を持ち、ワクワクする。こうした内在的な力を私は「妄想力」と呼んでいます。集団になるとその力は伝播していきます。

妄想をみんなで共有することで楽しむという、現在にも通じるこの流れの源流には能があった、むしろ能の存在がその土壌をつくった、と言っても過言ではないように思います。

能に喚起される妄想力は、観客を物語の世界に引きこむだけではなく、見知らぬ土地に連れて行くこともありました。そもそも、昔の人は生まれた土地からそう遠くまで行くことはかないませんでした。それでも未知の土地への好奇心は募っていくもの。昔はそれを満たす方法のひとつが能だったのです。

『雲林院《うんりんいん》』という曲が能にあります。『伊勢物語』を読むのが好きな青年・芦屋公光《あしやのきんみつ》が、京都の雲林院を訪れ、美しい桜の枝を折ろうとしたところ、一人の老人が現れます。老人は、古い和歌を詠んで枝を折るのを止めようとします。それに対して公光の方も和歌で返し、歌での応酬が始まります。そのうちに、この老人は平安時代の歌人、在原業平の幽霊だとわかる。業平は『伊勢物語』の作者だとされていました。

業平の幽霊は、「この木陰で寝て待て」と言って霞とともに消えてしまいます。待っていると今度は貴公子の身なりをした在原業平（これも当然幽霊）が現れて『伊勢物語』について語り、舞い出します。

『伊勢物語』は、都からスタートして信濃を巡り、駿河や武蔵野を通って、最終的には陸奥の宮城の栗原辺りに行くという展開ですが、これにちなんだ『雲林院』は、謡と舞で『伊勢物語』の旅巡りをします。『伊勢物語』を立体化していくわけです。

ですから『雲林院』を観る人は、『伊勢物語』での在原業平の旅を追体験することになります。舞う人は自分が在原業平となってその旅を追体験するのです。

これもまた、能の持つ妄想力のなせる業でしょう。

『古今和歌集』の解釈をまとめた『古今伝授』の中には、「伊勢物語の名所は全て宮中の庭の中にあった」という言い伝えがありました。日本中を旅したことになっている『伊勢物語』の旅は、実は宮中の庭の中でも味わえるということです。それだけでも相当なミクロ化ですが、演じる側と見る側の共同作業によって、『雲林院』においては、さらに旅の世界が三間四方の能舞台に凝縮され、再現されるのです。

このような妄想力による再現は、他でも見られます。たとえば柳沢吉保が作庭した六義園には、『万葉集』や『古今集』などの和歌にちなんだ言葉が書かれた石柱がいくつも立っています。庭を巡る人はその石柱から和歌を思い起こしました。

その和歌のゆかりの地は、多くが和歌山県の和歌の浦と桜の名所である吉野山です。石柱によって導き出される和歌と、その和歌の景色を幻視し、それにいま目の前にある現実の六義園の景色を重ねます。六義園を歩き鑑賞しつつ、一方で和歌と共に幻視をして、ヴァーチャルな旅をするのです。

現実の景色に幻視を重ねるというのは、最近よく話題になる「AR（拡張現実）」や「MR（複合現実）」と酷似しています。スマホやゴーグルを通して外を見ることで、現実の風景に加えて、投影された映像が重ね合わされる、というのが典型的なARの仕掛けです。今後MRが発展していく可能性もありますが、この本ではARとしてまとめて呼んでおきます。

昔の人は、自らの妄想力によって、和歌と庭を脳内でミックスして、スマホもゴーグルも使わない「脳内AR」を楽しんでいました。六義園は脳内ARを発動するための庭だったというわけです。

もちろん、このような脳内ARを楽しむには、一定の素養が必要だったことでしょう。和歌、能、俳句、あるいは地理の知識が求められるうえに、前提として妄想力がなければいけない。しかし、それができる武士にとって六義園は、紀州への旅ができるエンターテインメントパークだったことでしょう。

そして、六義園に行けなくとも、『雲林院』の舞台を見ているだけで、あるいは謡を謡っているだけでも旅をすることはできます。能は、見知らぬ土地への切符でもありました。

平面的で広大、そして幾何学的、シンメトリーになることも多い西欧の庭に比べて、日本の庭園は山あり海あり、浮かぶ島あり、人間が歩いて回る前提のウォークスルー型です。俯瞰して実際を見るというよりも、巡って想像しながら楽しむための場なのでしょう。

ARと能との関連は、その技術開発にたずさわる方たちも注目なさっているようで、私も含めて能の関係者には、研究者の方たちからさまざまなアプローチがあります。実際に、能を参考にしたVR映像の製作のお話も進行中です。能をヘッドマウントディスプレイを使って見ることで、妄想力を広げられないかという研究も始めています。これは、能の「情景」を3D映像や360度映像で作り、その前で能を演じるというようなことではなく、VRやMRを使って私たちが本来持っている脳内ARを発動させます。つまり、舞台上ではふつうの能をふつうに演じ、それを観客各人に自由な妄想力で観てもらうための研究です。

能舞台は「見えないものを見る」装置

能の妄想力を象徴しているのが、能舞台です。改めて考えてみると、能舞台という存在自体が不思議です。

歌舞伎は家屋や背景を作って舞台演出をしますが、能ときたら、舞台装置は背景にある松の絵だけ。650年間それ以外の装置はなく、演出において照明さえあまり使わずにきました。江戸時代には歌舞伎だって屋外で興行したことがあったでしょうし、もし江戸幕府が本腰を入れたら財力を駆使してもっと派手な舞台セットを能のために作れたはずです。でも、江戸幕府はあえてそれをしませんでした。

それはなぜか。冒頭に述べた、私が能に夢中になった瞬間とも関係しています。

あの簡素な能舞台こそが、「見えないものを見る」装置として最適なのです。いま自分の目に見えているものに、幻の風景を重ねる。この目的のためには、枯山水と同じく背景はなるべく単純な方がいい。だから、あるのは松だけです。そして、能舞台のすべてはそのためにある。もしくは、そのために邪魔なものが「ない」。

それなのに、見る側はそこにさまざまな背景を見出す。脳内ARを働かせる。明治になって、能舞台をあの形のまま屋内に入れたのには、必要性があったからです。

つまり能（および能舞台）は、見ているお客さんが脳内ARを発動するための装置なのです。能の中で謡われている言葉や音は、幻視を促すべく脳を刺激する。六義園の石柱と同じです。文楽や落語、浪曲も同じで、話を聴いているうちにお客さんはその情景を想像します。日本で人気のある芸能の多くは、脳内ARを発動させていく機能を持っている。こうなると、日本人は妄想を楽しむために芸能を見に行く、とさえいえないでしょうか。

浪曲師の玉川奈々福さんは、「日本ほど語り芸の多い国はない」と言っています。確かに平曲や能、さらには義太夫、講談、落語、そして浪曲と今でもふつうに聴くことができる語り芸はたくさんあります。映像もない、ただの語りだけの芸でも、合戦の場面では手に汗握り、親子の情愛を感じてしんみりし、夫婦のやりとりに泣く。それで楽しむことができるから、舞台になり芸になり、人が集まる。観客の側が妄想力で補う芸能がここまで多い国は、そうはない気がします。

そういえば、こんなこともありました。あるお寺で行われた数学の授業に参加したときのこと。何人かの小学生が、暗算をするときに、空中でそろばんを弾く仕草をしていました。こういう景色はちょっと前まではよく見ましたよね。

教室には、障子があったのですが、その子たちは「障子の桟《さん》があるとやりやすい」と言います。それを算盤に見立てて、玉があるように手を動かしながら計算をしています。

これもまた脳内ＡＲです。

歌の力

実際に、舞台に立つ者として実感するのは、妄想力を喚起するにあたっては、歌の力が強いということです。歌には、脳内ＡＲの発動を促進する力があります。

能の観客が脳内ＡＲを発動させやすいのには、謡の存在が大きい。この謡の詞章のベースになっているのは和歌です。発動させる媒介、装置として和歌は最適です。地名や歌枕から浮かぶ共有イメージが、古来強固だからです。宮中の歌会始で節をつけて和歌が詠まれているのを聞いたことがあると思います。本来、和歌は声に出して詠われるものでした。俳句俳諧もそうで、芭蕉の句は声に出して謡われていたにちがいありません。

芭蕉の「旅人とわが名よばれむ」の前に能『梅枝』の詞章の入った書画があると書きました。この詞章には謡の節と拍子を示す符号（ゴマ点といいます）まで振られています。つまり単なる俳句ではなくて、譜面がついているようなものです。

おそらく芭蕉は、まず『梅枝』の謡を謡い、そのまま節をつけて「旅人と〜」と謡ったのでしょう。私も『おくのほそ道』は節をつけて謡うように読んでいます。

このように節をつけて読むという習慣は、比較的最近までは珍しくありませんでした。私の知人のお祖父さんは、毎朝新聞の記事を謡いながら読んでいたそうです。さらに興が乗ってくると、踊りだしたとか。

個人的には、本来日本人が持っていた脳内ARの力、妄想力が弱くなってきている気がします。それはスマホなどのせいなのかどうかわかりませんが、本来、「目の前にないもの」を見出す力は娯楽に限らず活用できるはずです。文字情報から立体や映像をイメージするシミュレーション能力は、ビジネスの場などでも有効でしょう。だからこそ、武士たちは、脳内ARを刺激する能をたしなんでいたのではないか、という気もします。

序文で私は、最初の能体験で幻視した、と書きましたが、それはまさに今で言うAR体験でした。なんの前知識もなかったので、身体に素直に入って、「見えて」きた。

能にハマる人の多くには、時々「見える」感覚があるのではないでしょうか。あの橋掛りを、つーっと歩く役者に目が吸い寄せられているうちにその感覚が刺激されるのか。面《おもて》が喚起する感覚を、その意識につなげるのか。囃子の音が眠っていた脳内ARを発動させるのか。

現在、能を「つまらない」と思う人が多いというのは、ある意味では当然のことでしょう。能は、見ている方が一定のラインまで踏み込んでいかないと実感できないものだからです。漫然と聞いていても面白くないようにできており、「ここまで来い」と能の側が待っている。そのラインを何かの拍子で越えた時に、脳内ＡＲ装置が発動して見えないものが見えてくる。いや、それだけでなく、それができれば昔の物語を日常生活で味わって生きるようになり、「もののあはれ」を知るようになる。繊細な情緒を持つことで、人生を豊かなものにできるのです。

私は、消費の対象として能に接することはお勧めしません。たとえば映画を見る場合、多くの人は消費者としてみます。製作者側の作ったものをお金を払って、そのまま受け止める。そこでは見る側の能動性は求められません。あくまでも受け身です。だから「消費」なのです。

もちろん、そういう芸術あるいは作品を否定するつもりはありません。しかし、完全に受け身で味わうものは、時間と共に感動が薄れやすい気がします。どんなに感動する映画を観ても、また別の消費をするとすぐに、感動が薄れるのです。

一方で、能は異なります。能を本気で深く味わうには、「能を観る」のではなく、「能と共に生きる」心構えが必要とされるのです。

そのためにはただの観客から一歩踏み込んで、謡や仕舞などの能のお稽古をするのがいいかと思います。それでは入りにくいという方は、たとえば自分が観た能の詞章を、声に出して読むことからはじめてもいいかもしれません。あるいは観たことのある能の史跡を訪ねて、そこで能の場面を思い出してみるのもいいでしょう。

そのような経験を重ねることで、あなたの妄想力は強化され、能の見え方は確実に変わってくると思います。

第八章　能を知るとこんなにいいことがある

健康になれる

後に熊本藩主となる細川家の祖先で、能にも通じ、特に太鼓の腕は名人級であった細川幽斎（1534～1610）。この人が撰したといわれる「謡曲十五徳」というものがあります。「謡を稽古するとこんなにいいことがあるよ」という効果を集めたものですが、ちょっと少ない謡十徳、もっと多い謡三十徳というものもありました。

本書の冒頭では、能の社会資源としての意義をご説明しました。一部重なるところもありますが、最後の章では、個人的な効用を中心に、能の稽古をするとこんなにもいいことがある、ということをお話していきたいと思います。謡曲十五徳は、おもに内面形成の面で述べているので、諸々ありますし、私なりのアレンジでまずは特に身体性に注目してお話し、最後に謡曲十五徳についても簡単にご紹介しましょう。

近所のお寺で子どもたちに謡や摺り足の稽古をつけていたことがあります。何カ月か経つと、そのうちの何人かが「リレーの選手に選ばれた」というのです。そう言った子たちは同学年の子たちに比べると体が小さい子たちで、それまではクラスの中でもビリの方だったのに、稽古をしたら足が速くなった。親御さんにうかがうと、足が速くなっただけでなく、学校も休まなくなったし、ご飯もよく食べるようになったとか。

これが能と身体性について考えるようになったきっかけです。

摺り足を中心とした稽古は、主に大腰筋などの深層筋の活性化につながるようです。シテ方観世流の津村禮次郎《れいじろう》先生と私の深層筋をTBSの番組で測ってもらったところ、年齢不相応の若さに周囲は驚いていました。70歳を過ぎた津村先生が30歳くらい、50歳の私は20代の大腰筋でした。

8年前から引きこもりの人たちと『おくのほそ道』を歩く活動をしています。1回のウォーキングは5日から10日ほど。1日に約8時間歩きます。中には数十年引きこもりをしていて、その間ほとんど歩かなかったという人もいます。しかし、摺り足を教え、数カ月間稽古をすると、『おくのほそ道』を楽々と歩いてしまいます。

また、私はワキ方なので仕舞を教えることはありませんが（主に、舞うのはシテ方なので）、仕舞をすると多くの深層筋を使うので、健康にはさらにいいでしょう。

集中力を養う

謡や仕舞の稽古は集中力も養います。

私は何かをしていて気が散ると、その作業を中断して15分くらい謡を謡います。すると、また先ほどの作業に集中することができます。これは呼吸の力です。

瞑想には必ずといっていいほど呼吸法がつきものですが、ルールに従って呼吸しながら「集中しよう、集中しよう」と思えば思うほど邪念や思念が去来して、むしろ余計に心が乱れるということがあります。それは抽象的な集中をしようとしているからです。

禅では、たとえば呼吸を数えるということをよすがにします。謡の稽古では詞章や節をよすがとし、それを丁寧になぞって謡うことによって、自然に集中するようになっているので、これは文字をなぞることによって心を落ち着かせる写経に似ているかもしれません。私は、写経も行います。

ストレスをはね返す

イヤなことがあると大きな声を出したくなります。とはいえ大人になってそんじょそこらで「わー」なんてやったら変な人だと思われかねません。

そんなときにお腹の底から大きな声で謡うとウソのようにすっきりします。深い呼吸で謡う謡はストレス発散に最適なのです。深い呼吸で大きな声を出すことは、横隔膜の活性化につながり健康になるだけでなく、ストレス軽減にも関係します。体調が悪いときは呼吸が浅くなっている場合があるくらいです。

覚悟をすることを「腹を決める」とか「腹をくくる」などといいます。ほんの少し前までの日本人にとって、心は腹にあるイメージでした。漱石は胃潰瘍になった時に「腹から声を出していいですか」と医者に聞くほどでした。瞬間的な感情やころころ変わる事柄ではなく、「腹を割って話す」「腹を据える」というように、腹は、強い意思や決断を貯めておく場所で、「思い」や情動と結びついており、「頭にある心」と「腹にある心」は違うものだったのです。

その腹から声を発する謡は、ただのストレス発散に留まらない、まさに腹を据えるためのものでした。

織田信長と『敦盛』の舞の話は、第一章その3でお話した通りです。敵を迎え撃つストレスに耐えるために舞ったのです。

「謡」の「うた」は「打つ」が語源ともいわれています。ピッチャーが投げたボールをバッターが打つように、この想像を絶するストレスを、謡を謡い、舞を舞うことによって信長は跳ね返しました。ストレスを行動エネルギーに変えたといってもいいでしょう。ギリギリまでそれをしなかったのは、むしろストレスがより増大するのを待っていたから。ストレスは大きくなればなるほどそれを跳ね返したときに、より大きな行動エネルギーになるのです。

自分も含めて一族全員が殺戮されるかもしれないという信長のようなストレスにさらされることは現代ではほとんどありませんが、それでも日常生活は大小のストレスだらけです。ぜひ、大きな声で謡を謡って、それを行動エネルギーに変えてください。

壮絶な例をひとつご紹介します。第三章に書いた私の師匠のご尊父は、能楽師であると同時に神社の宮司をされていたのですが、終戦の翌日に割腹されました。自分が祈願して戦地に送った若者を無駄に死なせてしまった。しかし、自分の信念には一点の曇りもなかった。それを示すための割腹だったようです。切腹の前日に、江古田にいるお世話になった人の家に挨拶に行き、江古田駅のホームで『猩々《しょうじょう》』を謡って舞ったそうで、見送った知人の方も、その覚悟を感じたと話されていました。

師匠のご尊父だけでなく、死を覚悟したときに謡った人は、歴史を通して結構な数がいるそうです。たとえば赤穂浪士は討ち入りを決める会議で『羅生門』の謡を謡ったといいますし、あるいは正岡子規のように、死の床で虚子が謡ってあげた例もあります。

現代でも腹をくくらなければならない時があります。特に責任のある立場の人ならばなおさらでしょう。しかし、本当に大変なときには気が頭に上がってカッと来てしまい、なかなか腹に気を落としてどっしり構えられないものです。そういうときには謡を謡って、腹を据えるといい。武士が謡を稽古した理由のひとつはこれですし、そして明治になっても為政者や大商人が稽古をした理由はそうだったのでしょう。

無言で相手に気持ちを伝える

能をやるといい事尽くめ、武士が能を必須科目としたのはうなずけます。それなのになぜそれを庶民から遠ざけ、武士が独占したのか。それは、能のもつ「息を合わせる力」が関係しているのではないかと思います。

武士の基本的な職能は戦闘です。スポーツでもそうですが、緊迫した戦闘状態のときには口頭で命令を出していては間に合いません。そのために音を使ったり、旗を使ったりするのですが、本当は指揮官の思ったことが、そのまま部下に伝わるのが理想です。あれこれいうことなく、指揮官の手足のように軍全体がうごく、いわゆる股肱《ここう》（手足を示すことから、自分の手足のように信頼している臣下を指す）の臣らによる股肱の軍隊です。そのような状態を作るのには能が役に立つのです。

能には、指揮者も演出家もおらず、演劇やオペラのような、いわゆるリハーサルもありません。全体をざっと一度通す「申し合わせ」はあるものの、シテが関わるところ以外は省略し、よほどのことがない限り何度もやり直しをすることもなし。能はシテ方、ワキ方、そして笛、鼓などの囃子方もみな流儀が違うひとたちが集まるので、節など細かいやり方が違うこともあるのに、です。そもそもこの申し合わせさえやらないこともあり、そうなるとぶっつけ本番です。

それなら、なぜ合わせることができるのか。

もちろん、各自が演目をしっかりと体得しているということもありますが、もうひとつ大事なものがあります。それが「コミ」といわれるものです。

「コミ」を漢字にすれば「込み」でしょうか。たとえば鼓の演奏者は、「ヨ」とか「ホ」とかいう掛け声を発しますが、その掛け声の前にお腹の深い部分にぐっと力を込めて「間」を取る息をします。それを「コミをとる」というのです。

ここでも「息」が大切になってきます。能は「息」の芸能とさえ言えます。謡や笛はもちろん、舞をコミをとるのは打楽器である鼓の奏者だけではありません。舞を舞う演者でさえ、コミを腹で取っています。強弱や高低、スピード、間合いなどすべてがコミで決まるのです。舞台上の演者は、聴こえない凝縮されたなにかを、無音のコミによって瞬間的に共有します。だからこそ、リハーサルがなくても、指揮者がいなくても上演が可能なのです。

このコミは無音です。ですから「ない」ともいえます。しかし、ないけれども確実にそこに「ある」。このコミの充実が、能を決める。世阿弥はこれを「せぬ隙《ひま》（何もしていない時空間）」と呼んで、とても重視していました。サイモン&ガーファンクルに『サウンド・オブ・サイレンス』という歌がありますが、まさにこの「沈黙の音」、音と音の「間」の充実がコミなのです。

そして、観客席に謡を深く習った人が多いと、観客と演者のコミが一致し、まるで能楽堂そのものが大きな呼吸をしているようになります。「息」が身体的に共有され、一体感が広がる。内臓感覚すら一致していく。これが戦闘の場面に起これば怖いものなしです。軍隊の息が合えば、戦力が増すことは言うまでもありません。武士が稽古したことの意義、そして、庶民から能を遠ざけた理由はここにあったのではないでしょうか。

ふだんは戦わない武官が呼吸を合わせていざという時の為に鍛錬するには日々、謡を謡い、舞を舞い、呼吸を合わせることが必要だったのです。

陰陽を整えられる

舞によって自分の陰陽のバランスを整え、それによって国家の陰陽をも整えるというのも、武士が能を必修とした理由でした。人によっては、オカルトだと思われるかもしれません。

能の舞は「型」と呼ばれる「要素」の組み合わせで作られています。能の舞が他の舞や踊りと違うのは、ほとんどの型に意味がないという側面です。これはたとえば日本舞踊が「振り」によって日常の動作や、山や木、あるいは波の動きのようなものを「表現」しようというのとはまったく違います。フラダンスでも「この手の動きは降雨。これは悲しみ」などありますが、能はそれとはまったく違うのです。

能の型は、たとえば手を上げながら数歩前に出る「シカケ（観世流ではサシコミ）」、両腕を開きながら後ろに下がる「ヒラキ」など多くのものがありますが、型によって何かの具体物を表現しようとか、感情を込めようとか、そういうことはほとんどありません。

特に能の最高の盛り上がりの場面で舞われる舞では、情景を謡う謡もなくなり、笛（能管）と大小の鼓、あるいはそれに太鼓も加わった抽象的な音楽（囃子）だけになってしまいます。そして、その囃子の中でシテはやはり抽象的な動きを延々と繰り返します。

現代的なドラマツルギーに慣れている人は、その動きから何らかの意味や感情を汲み取ろうとしますが、結局はそれが徒労に過ぎないことを思い知り、猛烈な睡魔に襲われることも。最初から、「これは意味をもたない動きなのだ」と思って観ると、その洗練された動きや呼吸、あるいはエネルギーの収縮と拡散などを感じることができ、面白く観ることができるのです。

しかし、舞にはもうひとつ大切な働きがあるとされています。それが陰陽を整えるというものです。能の舞は陰陽の動きを繰り返す舞であり、それによって自分の陰陽を整え、さらには国家の陰陽も整えようとしているのです。

たとえば先ほどの「シカケ（サシコミ）」は前に出る動きですから、これは「陽」の型です。その次の「ヒラキ」は後ろに下がる動きですから「陰」の型。そのあとには左に出る動きをすることが多く、これは「陽」の型。次に右に出る「陰」の型をする。このように陰と陽を繰り返すのが能の舞の特徴です。

東洋医学でも陰陽のバランスを整えることの重要性がいわれます。それを漢方を使ったり、あるいは食餌療法で行ったりしますが、能はそれを舞の動きで行うのです。

そして、江戸時代。武士は為政者として舞を舞うことによって国家の陰陽をも整えようとしました。

むろん、舞は自分自身の陰陽を整えるのにも役立ちます。今日は何かちょっと気分が悪いなというときや、いろいろなバランスが崩れているなと感じたら舞を舞ってみるのもいいかもしれません。

いい声を出せるようになる

謡の効用としては、当たり前といえば当たり前すぎることかもしれませんが、声がよくなり、そして大きくなります。

それはそうです。江戸時代の勧進能では、マイクなしの屋外の舞台で2000人以上の観客を入れての上演もありました。いまも能楽堂での上演では、どんなに高齢の能楽師でもマイクの類は一切使わず生の声で謡います。

お釈迦様の説法の声は「ライオンの咆哮《ほうこう》（獅子吼《ししく》）」と呼ばれていました。百獣を怯えさせる獅子のような、自信に満ち、そして悪を退散させるような声です。

能の発声を学べば、それに匹敵するほどの声を出せるようになる可能性があります。

私は子どもの頃は喘息で、喉が弱く声も小さかったので、師匠である鏑木先生のところに通うようになった最初のころはまったく声が出ませんでした。稽古では毎回、「もっと声を出せ。腹から出せ」と言われ続けました。でも、出ないものは出ない。どうやって出したらいいかも教えてくれないので全然わからない。師匠の奥様などは、「あんな声で本当にワキとしてやって行けるのかしら。何かいい方法はないの」と陰ながら心配してくださっていたようです。

ところが、そんな風にまったく出ない声で、それでも稽古を続けていたある日、突然声が出るようになりました。つぶれた声帯で謡の稽古をしているうちに、声帯だけに頼らない発声方法が自然に身についたからだと思います。

私が謡を教えている方の中にも、ふだん人前でお話をされる方が何人かいらっしゃいますが、みなさん一様に謡の稽古を始めてから声が大きくなったし、声の幅も広がったと言います。そして、長時間、声を出していても嗄れなくなったとも。

謡の声の大きさは音量としての大きさではなく、幅やふくらみを感じさせる大きさ、通りの良さです。稽古によって豊潤な声量と声質がつくれるのです。これは声帯だけではなく、からだ全体を使った発声だからこそです。このような声の出し方が身につくのも謡の効用です。

謡曲十五徳

さて、ここまでは私のまとめた「徳」です。今度は先人のまとめた「謡曲十五徳」をこの本なりにまとめて紹介しましょう。ちなみに、この「〇〇徳」というのは、江戸時代の流行だったらしく、「喫茶十徳」「築城十徳」といったものもありました。「やるとこんないいことがある」リストですね。

私は主に身体的な効能をお話ししましたが、謡曲十五徳はむしろ内面形成に資する謡の効能が述べられています。江戸時代、武士は為政者でもありました。為政者は「仁」の人、「礼」の人であることが大切です。そのような内面は謡によって形成される、それを述べたのがこれから紹介する謡曲十五徳です。

1　不行而知名所（行かずして名所を知る）

旅は楽しいものです。しかし、時間には限りがあり、すべての名所に行くことはできません。しかし、謡によって心は万里のかなたへも飛翔をすることができる。『雲林院』のところ（161頁）で述べた通りです。今で言えばアームチェアトラベラーですね。

2　在旅而得知音（旅に在りて知音を得る）

旅で謡の同好の士に出会う喜び、これに勝るものはありません。金沢のお話（55頁）ではないですが、思わず一緒に謡を謡ってしまいます。謡を謡えると旅中で知人ができるということは、外国で特によくあります。また、この徳には謡そのものを旅の友にする徳も含まれています。謡とともに旅をすると長途の疲れを忘れ、そして能のワキのような旅ができるのです。そのために各流儀からは旅中に携帯しやすいような謡本も出されています。

３　不習而識歌道（習わずして歌道を識る）

和歌は「もののあはれ」を知る最短の道です。またそれだけでなく、私たちの祖先は、和歌に特別な力を感じていました。和歌は天地を動かし、先祖の霊や神をも感動させ、異性の心を動かし、勇猛な武士の心をも慰める力があると『古今和歌集』の仮名序にあります。現代風にいえば、他者の深層心理にまで到達し得る装置が和歌なのです。謡を謡うと、そんな和歌の道を理解でき、そして自然に和歌を詠めるようにもなります。

４　不詠而望花月（詠せずして花月を望む）

ただ漫然と眺めれば、月や花もただのモノですが、月・花に触れたときに、和歌を詠み、漢詩を詠じ、そして謡を謡うと、それは自分の心の風景になり、仏道・神道・哲学への通路になります。謡によって「風景」は、渇いた心に潤いを与え、人生を豊かにする「情景」になるのです。

5　無友而慰閑居（友なくして閑居を慰む）

ＳＮＳ疲れが言われています。人からの承認を得るためにＳＮＳに過剰に依存してしまう。あるいは心の寂しさを紛らわすために、本当は会いたくない人とも会う。それでかえって孤独感を味わうこともあるでしょう。

いまは寂しさが世の中に蔓延しています。こんな世の中だからこそ「孤独である勇気」は大切になります。春雨の徒然、秋の長夜の淋しさにひとりで静かに謡を謡い、時空を超えて心を飛翔させる。いまこそ必要なことです。

6　無薬而散鬱気（薬なくして鬱気を散ず）

これはさきほども少し触れました。ストレスを発散させるには大きな声が一番です。なんといっても薬のような副作用がない。儒教では静座、禅宗には座禅がありますが、姿勢を正して座り、謡を謡うと鬱々とした心がスッとしてきます。また怒りが収まらないときは顔をちょっと仰向けて強い謡を腹の底から謡う。すると怒りも消えて平静な心を取り戻すことができるのです。

7　不思而登座上（思わずして座上に登る）

謡を謡えると、人の尊敬を受け上座に上ることができるというものです。謡える人が少なくなった現代では、これは特にあります。お祝いの席で上座を勧められたり、海外のパーティなどでも主賓の方たちと同じテーブルに着いたり、思いがけない歓待を受ける機会に恵まれます。もちろん私個人ではなく、能への敬愛によるものでして、これは次の徳とも関わります。

8　不望而交高位（望まずして高位と交る）

自分から望んでいるわけではないけれども高位の人たちと親しくなることができる、という徳です。確かに能をしているというだけで国内外を問わず思わぬ人と親しく話をする機会に恵まれます。外国の大統領のような地位の高い方と親しくお会いすることもあれば、若い頃からあこがれていた学者や文学者、映画監督たちともお会いして、その方の作品について語り合うような機会にも恵まれました。

9　不老而知古事（老いずして古事を知る）

謡の中には和漢の古典や故事がたくさん引かれています。本文中にも書いた通り、ただ読む以上に和漢の古典を深く味わうことができるようになり、また多くの故事を知ることができるので、人生のいざという場面で役立つこともよくあります。

10　不恋而思美人（恋せずして美人を思う）

恋は生活に潤いと活力を与えます。しかし、同時にさまざまな面倒も付きまといます。そんなこともあって、近頃では草食系や2次元（漫画・アニメのキャラクター）好きの人が増えているのでしょうか。そんな人にも能はお勧めです。どんなキャラよりも魅力的な異性、楊貴妃や小野小町や光源氏に会えてしまうわけですから。

11　不馴而近武芸（馴れずして武芸に近づく）

武道の達人と対談をしたときに、能楽師とは喧嘩をしたくないと言われました。身のこなしがただものではないというのです。摺り足をし、基本の型の稽古をするだけで、いつの間にか武芸にも近づいているようです。むろん喧嘩しないに越したことはありませんが、武道の精神性、身体性を知らないうちに身につけているということです。

12　不軍而識戦場（軍せずして戦場を知る）

『古事記』の昔から日本文学の中心のひとつは戦記物でした。それは戦闘という極限における人間の精神状態こそが真実の一面を雄弁に物語るからでしょう。謡は、それを実際に戦う者として体験できます。実際に戦争をすることも、戦場に行くこともなく、です。だからでしょうか、能の修羅（戦い）もののベースには同時に反戦・非戦の思想が流れています。

13　不祈而得神徳（祈らずして神徳を得る）

「祈る」という言葉は本来は神の名を声に出して唱える行為を表しています。私たちが神社仏閣でする祈りは、わがままな「願い」が多い。「心が誠であるならば、祈らなくても神は助けてくれる」といいますが、これはわがままな願いはかなえられないということをも示します。神仏を、ただただ賛美する謡を謡うことは、神社仏閣に百度参詣することよりもご利益があるのです。

14　不触而知仏道（触れずして仏道を知る）

現代人である私たちにとって仏教は、修学旅行やお葬式だけの遠いものになりつつあります。ましてや仏教の深淵な摂理を学ぶことなど、難しくてなかなかできないもの。ところが謡の中では、その摂理があるいは美女の姿を取り、あるいは老翁の姿をかり、あるいは神の姿となって現れて、私たちに易しく、そして身体的に説いてくれています。

15　不厳而嗜形美（厳ならずして形美を嗜む）

これは身体的な徳ですね。背筋を伸ばして大きな声で謡を謡う。仕舞を習っている方は、その型を丁寧に行う。それが日常的に身についていると、自然に美しい姿になります。姿勢を正さなくてはならないとき、謡を謡うつもりに構えると自然に正しい姿勢になるものです。

身を任せてみよう

ここまであれこれと能の面白さや効能をお話してきました。どれだけ上手にお話できたかはわかりませんが、少しでも興味を持ってくだされば幸いです。

それにしても、どうも能は入りにくいようです。どこでチケットを買ったらいいのか、何を着て行ったらいいのか、そういう質問もよく受けます。なにしろ、江戸時代には高低をつける目的に邁進したわけで、しかもそれがつい最近まで続いていたのですから仕方がないといえば仕方がない。

しかし、考えようによっては入りにくくてもいいのではないか、とも思っています。すでに書きましたが、能は、消費すべきものではありません。消費されるものは商品でも芸能でも、やがて飽きられて捨てられてしまいます。650年も続いて来た能は消費財ではありません。多くの人に「普及させる」のではなく、それを真に必要としている人のもとに届ける、すなわちしっかりと「浸透させる」べき芸能なのです。

江戸時代には武士が能を学び、鑑賞しました。いまならば無尽蔵に可能性が埋まっている社会的資源としての能を、みずから掘り起こそうとする人たち、そのような人にとってこそ能は最大限の力を発揮します。そして、そのような人たちにこそ能と出会ってほしいと思うのです。

本書は、そんな人に届けばという一心で書きました。私は「役者」であり「学者」ではありません。歴史や世阿弥の解釈など、多くの研究書などを引きつつも、学問的な解釈に止まらずに、役者としての自分の身体感覚を参照し、腑に落ちたことをまとめています。みなさんもぜひ、自分なりに考えながら、納得できるように学んでみてください。もっと能を知りたい方は、60〜62頁で取り上げた小説やマンガから入るのもよいでしょうし、この後の付録部分に文献をあげておくので、そこからでもよいと思います。

能は芸能ですから、本当は文章で読むだけでなく、自身で謡い、舞うと、あらためてその本質が見えてきます。眠くなるその眠さにさえ、意味を見いだせる。江戸時代のすべてがよかったわけではありませんが、謡によって培われた身体性や決断力については瞠目すべきものがあります。ぜひ謡や仕舞の稽古を始めてみてください。

とはいえ、どうやって稽古を始めたらいいかわからないという方もいらっしゃるでしょう。能を始めるいちばんの理由は、家族や友人がやっていたから、だそうです。いまは周りに能を習う人もおらず、どこから入ればよいのかわからない人も多いので、そのための方法をこの後の付録に書いておきました。

どの流儀で、どの先生に習うかも迷うところです。なぜ下掛宝生流を選んだのかと問われた漱石は、こう答えています。

「もっともこういうことはその場合の関係しだいで決まることで、まだ習いもせぬさきからどの流を習おうなどという鑑賞力を持っている人はありますまい」

習う前から先生を選ぶことはできません。ましてや流儀を選ぶことなど不可能です。しかし、「習おう」と決めた途端に何かご縁が生まれるかもしれません。ご自分の直観を信じて、まずは扉を叩いてみてください。

私が鏑木岑男先生の門を叩いたのも偶然です。能の舞台を何度も観ていたら、ひょっとすると違う先生の門を叩いていた可能性だってあります。

実際、私が鏑木先生に入門すると聞いて、「どうせ入門するならば、他の先生の方がいい」という人もいました。鏑木先生は、神社の宮司もされていたので、他のワキ方能楽師に比べれば舞台数も多い方ではありませんでしたし、その弟子ともなれば、さらに少なくなるのは当然です。それを心配しての忠告でした。

しかし、そのおかげで先生から、能のことだけでなく、神社のことや日本の神話のお話をうかがうこともできましたし、稽古もたくさん受けることができました。何が幸いするかはわからないものです（実は本稿を書いている2017年の6月に鏑木先生がご逝去されました）。

そして、稽古を始めたら、いわゆる習い事やカルチャースクールのスタンスではなく、文字通り「稽古」として取り組んでください。稽古の「稽」の字は「かんがえる」と訓じます。もともとは深く首を垂れる意味で、神意を考えるときに使う言葉です。観阿弥・世阿弥以来の古人の意志に、そして目の前にいる先生の教えに深く首を垂れるのが稽古です。「つまらないから」とか「もっといい先生がいるのでは」と辞めてしまうのは稽古ではありません。習い始めて10年、20年経たなければ先生や流儀の良しあしなどわかりません（いや、おそらく一生わかりません）。

また、謡の稽古では、能のセリフや節（メロディ）、拍子（リズム）が書き記された「謡本」を使います。この謡本は和紙を和とじにし、一冊一冊が手作りという、現代の本とは思えない立派な装丁です。そして余白が大きいのも特徴です。これは先生の教えを書き込み、自分で気づいたことを記し、自分なりの謡本を作るため、マイ古典文学全集をつくるためです。稽古が進むに従って、そんな謡本がだんだん増えていくのも楽しみです。

社会資源としての能から多くを吸収し、そしてそれを世に問うことができる力のある人にこそ、ぜひ学んでほしいと思っています。

能楽堂で会いましょう！

〈付録〉「能を観たい、習ってみたい、知りたい」方へ

Ⅰでは能を観に行きたい方のために、Ⅱでは習ってみたい方のために情報を提供します。Ⅲでは、全国の「観光できる」能舞台などをご紹介します。これを参考に、能の世界を掘り下げて、堪能していただければ幸いです。

Ⅰ　能を観に行こう！

まずは、能を観に行くことにしましょう。どんなものなのか、「まったく観てもわからなかった」「寝てしまった」という方こそ、その次に謡や仕舞を習ってみる甲斐があるというもの。私のお弟子さんの中にも、流れで始めたのに、だんだん情報量が増えて面白くなったという人がいます。また、まずは「百番」（基本となる百曲のこと）を目標に「観倒す」こともひとつの導入の方法です。

ポイント1　チケットはどこで買う？

能のチケットの入手方法としては、各能楽堂、プレイガイド、そして出演する能楽師から直接購入するといった方法があります。まずはお近くの能楽堂のホームページを開いてみてください。上演情報やチケットの入手方法が載っています。また、国立劇場の会員制の友の会「あぜくら会」に入ると国立能楽堂の公演や先行販売の情報が送られてきます。

また、各流儀、各家、各能楽堂のホームページには上演予定が数カ月先まで載っています。能楽師の発信も増えていますし、インターネットで検索すればすぐです。そのＷＥＢで言えば、『the 能ドットコム』の全国能楽公演スケジュールは便利です。印刷媒体としては、『能楽タイムズ』や各流儀の会報誌などに上演スケジュールが載っています。多くの能楽師が定期購読しています。

ポイント2　初心者や外国人が初めて見ても楽しみやすい作品は？

どの席で見るかは好みですが、最初に見るなら、正面席がいいかもしれません。

これは実は難しい質問です。蜘蛛の糸を縦横無尽に繰り出す『土蜘蛛』や、美女に化けた鬼を退治する『紅葉狩』、義経に弁慶、静御前といったオールスターが登場する『船弁慶』などの派手な能は初心者にもお勧めです。

とはいえ、初めて観る方でも、動きが少ない『松風』や『井筒』に深い感銘を覚える方が少なくありません。ご自身がどのような能を観たいかでお勧めする演目は違ってくるのです。しっとりとした能らしい演目を御覧になりたい方は『井筒』や『松風』を含む三番目もの（64～65頁参照）がいいでしょう。

あるいは、『源氏物語』や『伊勢物語』、『平家物語』など、好きな古典をベースにする作品を選んで観るのもいいと思います。例えば、『源氏物語』なら『葵上』『半蔀』『夕顔』など10曲ほどありますし、『伊勢物語』なら文中で触れた『雲林院』の他に『杜若』『井筒』など、『平家物語』なら『頼政』『敦盛』『安宅』……と数えきれないほどです。上演回数が多いのは人気の証拠、好きな作風から入るのも一案です。

ただし、初心者の方は上演時間の長い作品（90分以上）は避けた方がいいかもしれません。たとえば芭蕉が愛した『遊行柳』はしんどいかもしれません。とは言っても、私自身は『松風』からハマった訳で、なんともいえませんが。

最長の演目は2時間は優にかかる『姥捨《おばすて》』でしょう。各地で長年続く能も、旅行がてらいかがでしょう。例えば山形の黒川能や、本文中でも紹介した佐陀神能などお勧めです。野外で蠟燭の灯りに映し出される面の陰影は、ハッとするほど美しい。そして、能の曲の舞台には、必ずといっていいほど名所旧跡が織りこまれています。まとめた本も出ているほどです。

ポイント3　さあ明日です。事前準備は？

「何の先入観も持たずに、まずは能楽堂に行く」。そういう楽しみ方もありますが、パンフレットにはあらすじさえ載っていない場合もあり、観能の後に「なんだかわからなかった」ということになるのはちょっともったいない。というのは、やはり慣れないうちは役者のセリフ（詞章のことです）が聞き取れずに、流れについていけないことがあるからです。

演目のあらすじを事前に調べておくと、そこから場面の状況が類推できるのでいいでしょう。また、古典文学全集でよいので、詞章を一度読んでおくと、観能中の理解が違ってきます。さらにそれを朗読したり、友だちとシテとワキに分けて（地謡の部分は一緒にとか)、読む「能ごっこ」をしてから行くと楽しみは格段に増します。少々ハードルが高いかもしれませんが、主催する寺子屋でこれをやると「理解が深まった」と感想を頂戴することがあります。

手前味噌で恐縮ですが、「天籟《てんらい》能の会」という能楽の会を毎年東京で主催しています。演目は毎回異なりますが、その演目を理解できるように、あらすじや見どころの解説、演目の特徴や背景、囃子方の実演など、事前にだいたい5回ほど、毎年ワークショップを行います。会は2017年に5回目を迎えて、今までに能の『船弁慶』『羽衣』『藤戸』『隅田川』や復曲能『真田』、狂言も『萩大名』や復曲狂言『浦島』など数多くを上演してきました。ご興味のある方はいらしてみてください。2017年は『松風』と『土蜘蛛』です。詳細は私の主催する『和と輪』のホームページ(http://www.watowa.net/)をご覧ください。

ポイント4　当日は何を着て行く?　持って行く?

もっとも大事なのは、前夜ゆっくりと眠ることです。すっきりした頭と体で能楽堂に向かいましょう。

ドレスコードは一切ありませんので、無理をせずに、普段着でもまったく問題ありません。ただ、「気構え」として、せっかくなので服はちょっといいものを着ていった方が「よし、観るぞ」という気持ちになるかもしれません。靴を磨き上げる、だけでもいいですし、お着物だったら最高です。でも、着慣れていないと観能中に疲れてしまうこともあるので要注意。慣れてきたら、着物でなくとも、その日の演目に合わせて「見立て」をしてみるのも一興です。茶の湯でも、この季節の茶事にはこのお菓子を、などと合わせますし、歌舞伎でも、役者の紋に合わせた何かを身に付けるもの。それを能でもやってみるのです。

なお、能楽堂はお年寄りが多いので、やや暖かめに冷暖房が設定されている所が多いようです。「暑い」と感じることもありますので、その対策は忘れずに。

食事はどうしたら？　とよく聞かれますが、例えば国立能楽堂には「向日葵《ひまわり》」というレストランがあり、定例公演だと狂言が終わった後など、カレーライスやうどんを食べられます。ロビーのソファで休憩中に持参したサンドイッチをつまむ姿もよく見かけます。これは場所次第なので事前に確認しておくと良いでしょう。

また、よく驚かれるのですが、ふつうの演劇と違って客席はそれほど暗くはなりません。寝ているのはバレバレです。バレても構いませんが（笑）。逆に、明るいので、謡本（ロビーで購入できることが多いです）をチラチラ見ながら観能することもできます。国立能楽堂では前の座席の背に液晶画面があり、詞章が流れます。念のため、謡本はシテ方の流儀に則っているのでワキは違う詞章で謡います。間違っているわけではありませんのであしからず。

ポイント5　「番組」の見方がわかりません。そもそも「小書《こがき》」ってなに？

「番組」とはプログラムのこと、「小書」というのは特殊演出のことです。たとえば通常ならばひとりしか出ない天女がたくさん出たり、あるいは詞章の一部を省略して、一曲の中心である舞をより印象づけたり、さまざまな特殊演出があります。それらは番組のタイトルの横に小さく書かれるので「小書」といいます。流儀や家によって「小書」も変わります。もちろん、小書なしの上演もあります。

これは、出演者が考えて名付けるのではありません。「小書」の中には明治以降にできたものや、近年に作られたものもありますが、多くは江戸時代にできたといわれています。演者が勝手につけて上演するわけにはいかず、各流儀の宗家がそれを決めます。

また、季節によって観られる演目が変わるのかとよく聞かれます。以前は『紅葉狩』を夏には上演しない、といった「この季節にこれはやらない」という暗黙の了解がありましたが、今はあまり気にしなくなっているようです。

ポイント6　見逃してはいけないポイントは？

能一曲のクライマックスはなんといっても「舞」です。能の物語は、舞を舞うために書かれているといっても過言ではありません。ですから、舞だけは目をしっかり開けて（しかし意識は朦朧として）観てください。繰り返しますが、舞には「意味」はありません。そこから意味を汲み取ろうとしたり、ストーリーを感じようとすると、途端に「つまらない」ものに感じてしまいます。何を表現しようとしているのかとか何を言いたいのかとか、そういうことは一切考えず、ただただあのゆっくりした時間の中に身をゆだね、同時に、つま先から指先にまで神経を行き届かせながら舞っているその姿を、よく御覧ください。

Ⅱ　能を習おう！

能を習おうと思っても初心者の方は「どこから入ればいいかわからない」と思われるようです。そういう方のために困るであろうことをまとめてみました。

ポイント1　何を習えばいいの？

能のお稽古にはさまざまなものがあります。

まずは「謡」。これは本書でも触れましたが、能の詞章に節をつけて謡うもので、あらゆる稽古の基本となります。江戸の庶民でも楽しめたことなので、本書をここまで読んだみなさんなら必ずやできます。

能の一部を謡だけで舞う「仕舞《しまい》」もあります。仕舞の稽古がある程度進むと、それに囃子（音楽）もつく「舞囃子」の稽古もしたくなります。さらに進むと能を舞いたくもなります。

また、笛（能管）、小鼓、大鼓、太鼓などの「囃子」の稽古もそれぞれできますし、本書ではあまり触れていませんが、「狂言」も学ぶことができます。「狂言」を習った方が、詞章を笑いながら覚えたと話していました。能とは別の楽しみがあるようです。

シテ方の能楽師は、謡と仕舞などを教えています。ワキ方の能楽師は、他のワキ方に聞いても謡だけというのが多いようです（ワキの仕舞もあります）。また、狂言や囃子は各専門の先生について習います。

ポイント2　どこで習えばいいの？　誰から習えばいいの？

誰から習うかというのは大切です。ご縁のある先生がいれば、その方から習うのがいいでしょう。また、各能楽堂やさまざまなカルチャーセンターで探して、そこから入るのもよし。本文中に漱石の言葉を紹介しましたが（193頁）、初心者のうちは先生を決めることなどはできないので、最初は先生を選ぼうなどと思わない方がいいのです。

個人稽古かグループ稽古かも目的やお好み次第です。カルチャーセンターでは、何人かの人が一緒に稽古をすることが多いですが、少し稽古を続けると個人稽古もしたくなります。グループ稽古はみんなで謡うので、ちょっとくらい間違ってもわかりませんが、個人稽古では緊張感がまったく違ってくると思います。

流儀というよりも、能楽師それぞれの個人差の方が大きいですし、相性もあるかと思います。ただ、観世流なら観世能楽堂や檜書店、宝生流なら宝生能楽堂やわんや書店に問い合わせると、稽古をつける能楽師の方を紹介してくださるそうです（211～212頁）。ちなみに、私の所属する下掛宝生流は、ホームページ（http://shimohou.com/）から、稽古のお問い合わせができます。ただし、私自身は、残念ながら今教えている方々で手一杯なので、新たなお弟子さんは取っていません。

国立能楽堂では、能楽師を養成するシステムもあります。玄人以外が能を演じる機会は、おさらい会（発表会）をのぞくとあまりないのですが、現代の「手猿楽」と位置付けて、素人の能好きによる舞台をするのも面白いと思っています。江戸時代にできていたことが今できないはずもありません。

子供向けの能の御稽古教室は、全体に増えているようです。たとえば、全国各地の学校で能の授業や体験型プログラム、講演をなさっている、シテ方宝生流能楽師の佐野登《のぼる》さん。『羽衣』の舞台である静岡市清水区の三保の松原の地元中学校では「総合的な学習」の正規授業の一環として教えているそうです。72～73頁で紹介したように、公演では子供達も出演するので、その指導を日常的にされているのです。所作や礼義をわきまえられるという二次効果もあるようですし、相手のあることなので、呼吸を合わせているとコミュニケーション術もいつのまにか学べるようです。

佐野さん以外にも子供向けの稽古を積極的に行なっている能楽師はたくさんいます。そういう能楽師を追っていくのもよいでしょう。いまはネットで情報を検索することが簡単ですから、ひとりを追っかけて舞台へ行ってみるのもよいと思います。そうすると、この舞台は面白いな、この役者さんは素敵だな、とどんどん広がって行きます。その人のやっているワークショップなどに参加してみるのもよし。

それぞれの流儀で、能楽師が工夫を凝らして能を教えようとしています。聞いたところでは、入門して来る人の半分は、「家族／友人がやっているから」だそう。身近にいる、能を習っている人に聞くのがいちばんの近道かもしれません。

ポイント3　必要なものはなんですか？

一番最初の稽古では、特に指示がなければ何も持っていかなくても大丈夫。最初に購入するのは「足袋」と「扇」と「謡本（お囃子では手附本）」になりますが、扇は流儀によって違いますし、謡本もどの曲を稽古するかは先生が決めますので、事前に購入をする必要はありません。

ポイント4　月謝はいくらくらい？　お金がかかると聞きますが。

月謝は先生によってまったく違います。流儀によっても違いますので問い合わせてみてください。入会金が必要なところもありますし、お盆と暮れには先生にお礼をするところも多いようです。おさらい会があれば、自分が出演する演目によって違った金額がかかります。これも演目や役によって違います。

おさらい会は、「自分の趣味でやっているだけだから出なくてもいい」という方がいるようですが、「初心」のためにも出たいものです。むろん、本番まではストレスいっぱいですが、確実に何かが変わります。

付け加えておくと、「着物や袴を買わなくちゃいけないのですか？」と聞かれることも多いのですが、実際に舞台で身に着ける場合はたいがい借りられますし、自分の範疇でやればよいことなので無理をすることもさせられることもありません。和のお稽古事はお金がかかる、と考える方が多いようですが、まったくそんなことはないのです。

ポイント5　どこに問い合わせればよいのか？

観世流については、銀座に新しく観世能楽堂が２０１７年春にオープンし、さまざまな曲が上演されています。チケット購入や詳細は、観世会共同運営公式サイト（http://kanze.net/）でご覧いただけるので、銀座に遊びにいくのに合わせて、一度足を運んではいかがでしょうか。

観世流には分家である銕仙会《てっせん》や、その分家の観世九皐会《きゅうこう》、また古くは独立した流派でもあった梅若会など多くの家があります。代表的ないくつかを紹介しておきます。

銕仙会　http://www.tessen.org/guide/person
観世九皐会　http://yarai-nohgakudo.com/kyukoukai
梅若研能会　http://www.umewakakennohkai.com/
梅若会（梅若能楽学院会館）　http://umewakanoh.exblog.jp/8169509

宝生流は、水道橋に宝生能楽堂があります。毎月二回、初心者向けに講座もあり、半年コースだそうです。宝生会のホームページ（http://www.hosho.or.jp/class/beginner.html）には月3回、2年間の入門コースが紹介されています。

他の流儀のご紹介もしておきます。このほかにも積極的に発信している能楽師も多いので、それぞれチェックしてみてください。

金春流は「金春円満井会《えんまい》」のサイトに「稽古場案内」のコーナーがあります。
https://www.komparu-enmaikai.com/
喜多流も「喜多能楽堂」のサイトの「お稽古・素人会について」と「喜多流能楽師のご紹介」があるので、キーワードを入れて検索をしてみてください。http://kita-noh.com/
金剛流はWEBでは稽古の案内をしていませんが、たとえば、金剛龍謹《たつのり》師は多岐にわたる活動をされ、稽古会も積極的に開かれています。金剛流のホームページ、ないしは「公益社団法人　能楽協会」の「会員紹介」ページから探してみてください。
http://www.nohgaku.or.jp/
また能楽協会には「子供体験教室のご案内」のページもあります。
http://www.nohgaku.or.jp/members/index.html

① 近くの能楽堂のホームページや案内で、講座やお稽古の情報を集めてみる。
② 謡本を出す出版社のホームページをのぞいてみる。
③ 実際に能の舞台を見てみる（ラジオやテレビでも結構放送しています）。
④ カルチャーセンターの能のクラスに出かけてみる。

といったことから行動を起こすとよいのではないでしょうか。

観世流、金剛流の謡本を出す「檜書店」さんと、宝生流、金春流の謡本を出す「わんや書店」さんには、お話を聞いたので、付記しておきます。

「檜《ひのき》書店」

源流は、京都の山本長兵衛が江戸時代初期に出した観世流の謡本までさかのぼるとか。以来、360年にわたり、観世流と金剛流の謡本はもとより、さまざまな能楽に関する書籍や月刊誌『観世』の刊行（創刊から、84年目だそうです！）を中心に、能の普及に勤しまれています。東京の中心部、御茶ノ水駅や小川町駅から歩いて5分ほどです。2階では書店も経営されているので、のぞいてみるとよいかもしれません。美しい謡本や、参考図書を手に取ってみてください。

私の弟子のひとりは、ここで『観世流謡曲百番集』という、旅に持参できるポケット版の１００曲収録の謡本を買ったそうです（流儀によって詳細は違うのですが、詞章自体はほぼ同じなので使えます）。ちなみに、売れている謡本はやはり『羽衣』だとか。人気の曲は、時代によって波があるそうですが、今の好みなのでしょうか。能の詞章とわかりやすい現代語訳を掲載した「対訳でたのしむ能」シリーズや『謡稽古の基本知識』など能愛好家の間のベストセラーも多くあります。

代表取締役の檜常正さんのお母様の発案だという「まんが」のシリーズはわかりやすく、まったく初めてという人だけでなく、慣れてきた人が知識を確認するにも適しています。文中でも触れましたが、シリーズの中でも『まんがで楽しむ能・狂言』は、過不足なくまとまっているので、この本でも図版をお借りするなどお世話になりました。

また、すでに10年以上、都内では九段下や三軒茶屋で謡や仕舞の御稽古教室をお手伝いされているそうです。随時募集、マンツーマンでのお稽古もできるそうなので、問い合わせてみてください。

本社：〒101-0052　東京都千代田区神田小川町２－１　https://www.hinoki-shoten.co.jp/
TEL：03-3291-2488（平日朝９時半～17時半）　FAX：03-3295-3554（24時間受付）

「わんや書店」

九段下駅6番出口から徒歩3分のところにある、宝生流の謡本の刊行や、金春流の謡本の販売をする出版社です。こちらにも、謡本をはじめとするさまざまな能楽グッズが揃っていますので、一度行ってみてください。江戸時代の安政年間に創業以来160年、明治26年から刊行を始めた謡本は現在も刊行が続いています。江戸の前期は紀州根来の漆器問屋で、先祖がお椀を売っていたので屋号が「椀屋（わんや）」だそう。幕末の出版ブームをきっかけに出版業を本格的に始めたそうで、仮名垣魯文の『西洋道中膝栗毛』も刊行していたそうです。代表取締役の江島弘志さんはご自身も稽古熱心で、朗々たるお話ぶりに、能を稽古すると語り口が滑らかになる見本だな、といつも感じています。「宝生会」「日本文化生涯学習振興会21」の理事もされ、母校早稲田大学でも、能楽師が教える能の講義を立ち上げているそうです。また、ご自身も武道をされている関係で、能の身体技法への造詣も深く、楽しいお話をうかがうことができました。

神田本店：〒101-0051　東京都千代田区神田神保町3-9　わんやビル2F
TEL：03-3263-6771　営業時間：月〜金　朝10時〜18時　http://www.wanya.biz/

「能楽書林」

明治40年に、前身となる「観世流改訂本刊行会」を創業、名称や組織を変えつつ、戦後の一時期には『三田文学』の出版を引き受けるなど、能楽以外の書籍出版も行いつつ今に至ります。過去には専門誌『謡曲界』、現在はタブロイド判の能楽専門報道紙『能楽タイムズ』（昭和27年創刊、WEB版もあり）を発行。こちらは、能楽師の言葉をじっくり読め、また能評も載る貴重な紙面です。小説家でもあった、元社長の丸岡明氏が、能楽師のみならず作家など著名人とも語り合う対談コーナーは名物のひとつでした（『能楽対談』［第一集、第二集］として、まとまっています）。なお、神保町の店舗では、観世流改訂謡本、梅若謡本、喜多流謡本などの謡本や、各流囃子手附本や関連書なども。曲の上演時間まで書いてある、初心者向けの『能楽手帖』から、能のトランプやレターセットなどの小物までそろいます。

神保町本店：〒101-0051　千代田区神田神保町3－6　http://nohgakushorin.co.jp/

TEL：03-3264-0846　FAX：03-3264-0847　営業時間：月～金　朝10時～18時

ステップ6　読んだり見たりできる資料や書籍を教えてください。

展示や資料を見学しやすいところをご紹介します。

「金沢能楽美術館」

日本で唯一の能楽美術館です。55頁で「さすが金沢」と書きましたが、金沢では、加賀藩前田家が保護し奨励した結果、「加賀宝生」と称されるほどに宝生流の能が盛んとなりました。明治維新でやはり衰えたのですが、謡の魅力に取り込まれ、商人からシテ方の能楽師になった佐野吉之助が財をなげうって資料の散逸を防ぎ、「金沢能楽会」を設立したことで現在の興隆につながりました。その佐野家伝来の能楽関連資料が、美術館の開館の土台になっています（佐野吉之助の子孫の佐野由於師は、宝生派のシテ方として活躍されています）。

この「金沢能楽会」の大きな特徴は、観る人も演じる人も会員としたために、能楽を一丸となって盛り立てる素地をつくったことです。また、佐野吉之助が中心となって建てた能舞台を移築した石川県立能楽堂では、毎月定例能を行い、さらに夏と冬には、毎週土曜日に1000円で鑑賞できる「観能の夕べ」を開催しています。高校生以下は無料です。なんと豊かなことでしょうか。

なお、美術館では、面や装束を実際に身に付けることができたり、金沢市が運営する「子ども塾」で無料で子供が能や狂言を学べる場を提供したり、と実際に能に触れてもらい、普及と次世代の育成を目指しています。

もうひとつ、学芸員の山内麻衣子さんの始めた「写経」ならぬ「写謡《しゃうたい》」を紹介せずにはいられません。毎月の定例能で演じられる曲の詞章を、筆で書き記す、つまり写謡、というわけです。4年ほど行っているそうで、午後の能鑑賞に向けて、午前中にじっくり言葉と向き合う。能楽師による解説付きで、間近に謡が聞けるという特典もあり、企業等から研修として依頼されることも。私も一度やってみたいと思っています。

金沢21世紀美術館と同じ敷地にあるので、金沢観光の際には足を運びましょう。金沢は能の都ですね！

「国立能楽堂」

東京、千駄ヶ谷にあり、毎月3～4回の定例公演に加えて、解説付きの能鑑賞会や自主公演まで、数多くの能が上演されています。資料展示室も併設しており、数カ月ごとにテーマ展示を行っています。観能の休憩時間に見学もでき、便利です。また、インターネットで簡単に予約できるためか、最近の定例公演では満席も珍しくないようです。ほかに能を深く学べる講座なども無料で開催していますので、入門を考える方は、ここをスタート地点にするとよいかもしれません。

また、国立能楽堂の地下には図書閲覧室があります。能の謡本や型付け、研究書など、さまざまな図書が揃っていて、誰でも利用ができます。また国立能楽堂の主催公演の映像を見ることができるので（要予約・有料）、研究や、事前の勉強にぜひ一度足を運んでください。詳細はホームページをご覧ください。http://www.ntj.jac.go.jp/nou.html

「野上記念法政大学能楽研究所」

1947年に野上豊一郎（83頁参照）が法政大学内に設立した研究所が前身になっています（当初は研究室だったのが拡充していったそうです）。能楽関連の貴重な古典籍が多く、現在の蔵書数は4万冊を超えるとか。紀要『能楽研究』の発行など、研究のみならず普及活動も熱心にされており、「能楽研究者養成プログラム」や一般向けの「能楽セミナー」もあるようです。詳細はホームページをご覧ください。資料の閲覧は、図書館

を含めて、紹介があれば可能だそうです。https://nohken.ws.hosei.ac.jp/

「早稲田大学演劇博物館」

特別展示が話題になりますが、常設展示には能関連のものもあります。特別展示で貴重な能の映像や音源に接することができます。http://www.waseda.jp/enpaku/

「the 能ドットコム」http://www.the-noh.com/jp/index.html

世界一の能に関するサイトです。私も時々書いています。「演目事典」「用語事典」など、能を初めて見る場合も参考になりますが、マニア心をくすぐる工夫も多く、ネットならではの情報量や検索のしやすさがあります。謡の詞章が出ているので公演前に予習をしやすいですし、いくつかは英訳も。なんと、サイトのアクセス全体の3割ほどが英語経由だそうで、海外での能への関心の高さを感じます。英語で説明する際には、私も使わせてもらっています。ほか、人気の「能楽トリビア」のコーナーには、能楽に関するちょっとした疑問の答えがまとまっています。

お名前を出されていませんが、とある企業の能好きの社長さんが運営を支えておられます。能楽師と知り合いになったことでホームページをつくろうと思い立ち、２００７年にサイトをオープンさせたとか。そんな社長さんによるお勧め読み物は「能を支える人びと」。舞台には立たない裏方にスポットを当てたインタビューコーナーです。

「京都市立芸術大学　日本伝統音楽研究センター」

私自身も客員教授を務めており、能楽の入門講座などもやっています。また、スタンフォード大学と「インターメディアとしての能」と題して研究を進めていて、その成果はホームページで公開の予定です。http://www.kcua.ac.jp/jtm/

〈本を読む〉（文中で紹介したものは省きます。入門のための推薦本であり、参考文献ではありません。わかりやすいものから並べておきます）

『まんがで楽しむ能・狂言』小山賢太郎漫画・三浦裕子文・増田正造監修、檜書店

『能　鑑賞のために』丸岡大二・吉越立雄著、保育社カラーブックス

『別冊太陽　能』平凡社

『能をたのしむ』増田正造・戸井田道三著、平凡社カラー新書

『能のデザイン』増田正造著、平凡社カラー新書
『能百番』（上・下）増田正造著、平凡社カラー新書
『お能の見方』白洲正子・吉越立雄著、新潮社
『能はこんなに面白い！』内田樹・観世清和著、小学館
『世阿弥芸術論集』新潮日本古典集成　第四回配本
『能のおもて』(1)(2)森田拾史郎著、芳賀芸術叢書
『能を読む』(1)〜(4)梅原猛ほか著、角川学芸出版
『能楽全書』(1)〜(7)野上豊一郎編、東京創元社
『岩波講座　能・狂言』(1)〜(7)＋別巻、岩波書店
『芸術新潮』「はじめて観る能」特集、２０１２年12月号

能楽関連の雑誌
『観世』観世流の月刊誌で、檜書店が刊行しています。
『宝生』宝生流の隔月刊誌で、宝生会が発行しています。
『能楽タイムズ』能楽書林の月刊紙です。

『花もよ』CD付き隔月刊誌で、能ファンの方が刊行されています。

〈心構えとして〉

「謡十年、舞三年」といいます。謡十年というのは、十年やればものになるということではなく、入門程度の謡が謡えるようになるのに十年かかるということです。仕舞もそうです。教わらなくても節は謡え、舞も型附を見ればだいたい舞えるようになる。それが十年、三年です。しかし、本当の稽古はここから始まります。そして、本当の楽しみもここから始まるのです。ぜひ、長く続けてください。

Ⅲ　能舞台を観光したい！

全国津々浦々、さまざまな能舞台があります。いくつか、観光するだけでも面白い舞台をあげました。能は明治以前は野外でやるものだった、この前提で周囲の環境と合わせて場を楽しんでください。建築やデザイン関係の方に多いのですが、能舞台への興味から能へ入って行くのも良いと思います。

1　登米（宮城県登米市）の「森舞台」

登米《とめ》に伝わる登米能《とよま》を演じるための舞台。隈研吾設計。土地の木材を使った、まさにご当地舞台で、屋外舞台にもかかわらず見所（観客席）にも屋根がついており雨天でも上演ができます。

2　鞆の浦（広島県福山市）の秀吉の能舞台

沼名前《ぬなくま》神社にある桃山時代の能舞台で、国の重要文化財。豊臣秀吉が朝鮮出兵の際に作らせました。解体して運び、目的地で組み立てるために釘を使わずに作られています。鏡板の松の絵も当時のままという貴重な舞台です。

3　佐渡島（新潟県佐渡市）の能舞台いくつか

佐渡島は日本一能舞台密度の高い土地です。多くの能舞台がありますが本間家能舞台、大膳神社能舞台、諏訪神社能舞台、牛尾神社能舞台、金井能楽堂などが有名です。地元の方や東京、京都などの能楽師による薪能も。

4　伊豆・修善寺（静岡県伊豆市）「あさば」内の能舞台

伊豆の旅館にある、水の上に浮かぶ能舞台です。夜、ほんのりあかりが灯る舞台を、池を隔てた客室から観るのは幻想的です。橋掛りは、あの世とこの世を結ぶ三途の川にかかる橋にも見え、夢幻能が現出します。

5　本願寺・北能舞台（京都市）

浄土真宗、西本願寺にある、現存最古の能舞台で国宝指定。橋掛りの角度が強い点など古式の形態を残しているといわれます。能が演じられることはあまりありませんが、2013年に世阿弥生誕650年を記念して演能が行われました。

6　北海道のふたつの能舞台（北海道内）

北海道も謡や囃子を習っている人が多い能楽が盛んな土地です。小樽には屋外舞台である小樽市能楽堂（旧岡崎家能舞台）があり、古式の舞台の格調を備えています。また、旭川には上川神社の新しい能舞台もあります。

7　八幡（福岡県北九州市）高見神社の能舞台

古くは神功皇后によって祀られ、明治以降は八幡製鉄所の産土神として、そして日本近代化産業の守護神として祀られてきた高見神社の能舞台は、深い杜を背景に持ち、神事としての能を演じるのにふさわしいものです。

安田　登　1956（昭和31）年千葉県銚子生まれ。下掛宝生流能楽師。能のメソッドを使った作品の創作、演出、出演も行う。著書に『異界を旅する能』『身体感覚で「論語」を読みなおす。』他多数。

Ⓢ新潮新書

732

能《のう》

650年続《ねんつづ》いた仕掛《しか》けとは

著　者　安田《やすだ》　登《のぼる》

2017年9月20日　発行
2024年3月30日　6刷

発行者　佐　藤　隆　信

発行所　株式会社新潮社

〒162-8711　東京都新宿区矢来町71番地
編集部(03)3266-5430　読者係(03)3266-5111
http://www.shinchosha.co.jp

印刷所　錦明印刷株式会社

製本所　錦明印刷株式会社

ISBN978-4-10-610732-0　C0274